tascabili chiare**lettere**

PRETESTO 1 → *a pagina 140*

"Tutti vogliono
venire in Italia.
Io aiuto le persone...
realizzo sogni."

Kabir, "mediatore" pachistano.

PRETESTO 2   → *a pagina 92-93*

"All'inizio della mia carriera ero io a cercare chi volesse partire. Ora sono cresciuto nel mio business ed è la gente a cercarmi. Nei piccoli villaggi dell'Egitto i giovani hanno bisogno di me."

El Douly, trafficante egiziano.

→ *a pagina 28*

"I clienti arrivano con i soldi, hanno
in tasca 5-7000 dollari.
I gestori del reclutamento ne tengono
per sé 2000 a cliente. I restanti
servono per pagare il capo,
ma dovranno essere versati una volta
che i clienti arrivano a destinazione."

Ohran, trafficante turco.

→ *a pagina 37*

"I proventi di questa
attività si aggirano fra i tre
e i dieci miliardi di dollari
l'anno."

Dati Organizzazione internazionale per le migrazioni, 2011.

PRETESTO 3   → *a pagina 38-39*

"Le tariffe dei trafficanti, in dollari Usa:
- Afghanistan-Regno Unito 25.000
- Afghanistan-Iran 700
- Africa subsahariana-Nordafrica 2500
- Asia-Europa 3-10.000
- Asia-Usa 25.000 circa
- Bangladesh-Brasile 10.000
- Brasile-Usa 13-17.000
- Cina-Usa 40-70.000
- Cina-Regno Unito 41.800
- Cina-Italia 15.000
- Corea del Nord-Corea del Sud 6000
- Cuba-Usa 10.000
- Guatemala-Usa 7000
- Iraq-Regno Unito 10.500
- Iraq-Germania 7-14.000
- Messico-Usa 1-4000
- Nordafrica-Italia 1500-3000
- Pakistan-Usa 22.000
- Somalia-Usa 10.000
- Sudamerica-Usa 8500
- Turchia-Italia 2500-5000
- Vietnam-Europa 28.500"

Dati Global Black Market Information.

→ *a pagina 137*

"Intere famiglie contribuiscono al viaggio, spesso vendendosi quasi tutto quello che possiedono."

Kabir, "mediatore" pachistano.

→ *a pagina 47-48*

"Ho pensato di venire anch'io nel vostro paese in cerca di un lavoro. Secondo gli accordi presi con l'organizzatore, avrei dovuto pagare la somma di 5000 yuan in Cina per ottenere il passaporto, il restante doveva essergli corrisposto dai miei genitori una volta giunto io in Italia, da dove gli uomini dell'organizzazione li avrebbero contattati telefonicamente."

Testimonianza di un "cliente" cinese.

© Chiarelettere editore srl
Soci: Gruppo editoriale Mauri Spagnol S.p.A.
Lorenzo Fazio (direttore editoriale)
Sandro Parenzo
Guido Roberto Vitale (con Paolonia Immobiliare S.p.A.)
Sede: corso Sempione, 2 – Milano

ISBN 978-88-3296-177-5

Prima edizione: gennaio 2014
Nuova edizione ampliata: giugno 2015
Prima edizione tascabile: aprile 2019

www.chiarelettere.it
BLOG / INTERVISTE / LIBRI IN USCITA

Andrea Di Nicola
Giampaolo Musumeci

Confessioni di un trafficante di uomini

chiarelettere

Sommario

CONFESSIONI DI UN TRAFFICANTE DI UOMINI

Questo libro   3
I trucchi del mestiere 7 – Confessioni di un trafficante di uomini 10

Io sono Mosè   13
Il trafficante siberiano 13 – Biglietto di sola andata 16 – Un'agenzia criminale 21

Il trafficante da milioni di dollari   24
Una valigetta piena di soldi 24 – Sul libro mastro del trafficante 27 – Il sistema hawala 32 – Operazione «Cestia» 34 – Un affare da miliardi di dollari 37 – Regole di riciclaggio 40

Josip Lončarić, l'inarrestabile   43
Il nemico giurato 43 – Il trafficante numero uno 47 – Le indagini e le condanne 50 – Una lunga carriera criminale 53 – Carpe diem 55 – I ferri del mestiere 59 – La resa dei conti 60

L'altro capo di Lampedusa   63
Il pescatore di clandestini 63 – Un sogno a portata di mano 66 – «Il capitano sono io. Tu non sei nessuno» 69 – Non solo Lampedusa 72

I Signori delle frontiere 76
Altre porte d'accesso 76 – La rete insospettabile 78 – La porta d'accesso greca 80 – Tra l'Africa e l'Italia c'è El Douly 83 – La Libia, tanto per cominciare 86 – Le grandi reti fluide 88 – Questione di fiducia 91 – Il traffico lungo la Manica 94 – Il business è istinto 97

La filosofia del Missionario 101
In fuga dalla guerra 101 – Da vittima a carnefice 103 – La guerra: un vero affare 106

Lo smuggling in tre mosse 109
Tour su misura 109 – Agenti di viaggio 110 – Il trasferimento 114 – Ingresso libero 117 – Trafficanti 2.0 119

I clandestini che piovono dal cielo 121
L'apparenza inganna 121 – Il tour del Belpaese 126 – La Cina e il suo «doppio» 128

Kabir il mediatore 132
Il trafficante che ama l'Italia 132 – «Io non faccio nulla di male» 135 – Pericolo terrorismo 139

Lo scafista dei talebani 142
I rischi del mestiere 142 – «Fate di lui quello che volete» 145 – Lo smuggler del Terrore 148

Epilogo 152
I pesci piccoli... 152 – ... e i pesci grossi 154

Appendice alla nuova edizione ampliata 159
Premessa 161 – Balcani, la porta silenziosa 163 – Spuntare le armi ai trafficanti in 15 mosse 171

Ringraziamenti 179

CONFESSIONI DI UN TRAFFICANTE
DI UOMINI

*A Ettore e Leonardo,
arrivati mentre scrivevamo*

Nota degli autori

Per scrivere questo libro, che raccoglie le confessioni degli uomini che controllano l'immigrazione clandestina, abbiamo viaggiato nei luoghi principali dei traffici di migranti. Molti dei protagonisti che abbiamo incontrato, sia quelli in carcere sia gli altri ancora in piena attività, ci hanno dato la loro testimonianza a condizione di non essere ripresi in video e di comparire nel testo con un'identità di copertura. In alcuni casi ci hanno consentito di registrare le loro testimonianze. Tutte le persone citate a vario titolo sono da ritenersi innocenti fino a sentenza definitiva.

Questo libro

Marina di Turgutreis, distretto di Bodrum, Turchia meridionale. Sono le 9.30 del mattino di un giorno di maggio del 2010. Al numero 26 di Gazi Mustafa Kemal Bulvarı c'è la sede della Argolis Yacht Ltd, una società di gestione e affitto natanti a vela e a motore. Le carte del Bavaria 42 Cruiser – un monoalbero di tredici metri battente bandiera greca ormeggiato al molo poco distante – attendono sulla scrivania.

Un uomo sulla quarantina, il viso abbronzato e un po' segnato, le braccia forti e la stretta di mano vigorosa, si presenta in agenzia con il passaporto e la patente nautica per concludere il contratto. È uno skipper. Si chiama Giorgi Dvali, di nazionalità georgiana. È nato a Poti e da anni lavora con i turisti sulla costa turca. Organizza crociere nel Mediterraneo. Data la loro lunga tradizione marinara, i georgiani, insieme con gli ucraini, sono velisti assai apprezzati. I porti che affacciano sul Mar Nero hanno cresciuto, nei secoli, esperti navigatori. Dvali riferisce all'impiegata che i suoi prossimi clienti sono una famiglia di americani di Seattle: una coppia con due figli adolescenti che vuole passare un paio di settimane tra le coste turche e le isole greche. Vogliono godersi la *mavi yolculuk*, la «crociera blu», come la chiamano i pescatori locali. Per un uomo di mare come lui è una rotta usuale di rara bellezza, sicura attrattiva per tanti turisti.

Dvali paga in contanti quanto dovuto per l'affitto e l'assicurazione. Poco dopo è già sul molo e osserva la barca. Al suo fianco, i tradizionali caicchi turchi, costruiti nelle marine di Bodrum e Marmaris, e yacht a vela di quindici-venti metri. Andirivieni di skipper, turisti inglesi e tedeschi, qualche greco: sul molo una babele di lingue diverse. Dvali si guarda intorno, poi ispeziona lo scafo, quindi sale, va sottocoperta e controlla che sia tutto in ordine. Tre cabine attrezzate, sei posti letto in tutto, una capiente cambusa e due bagni. Gli interni sono eleganti, ricchi di boiserie. La barca ha non più di cinque anni; è seminuova. Sul mercato dell'usato costerebbe intorno ai 120-130.000 euro. L'indomani, alle prime luci dell'alba, si salpa.

Dvali decide di impostare fin da subito la rotta sul navigatore Gps per verificarne il funzionamento: 40.1479 gradi di latitudine, 17.972 di longitudine. Yacht come il Bavaria 42, da aprile a settembre, fra la Turchia e le isole greche e poi fino al litorale italiano, tra Corfù e Vieste, tra Creta e la Calabria, tra Adalia e Santa Maria di Leuca, ce ne sono a centinaia. Lunghe crociere, lontane dalle spiagge affollate. Turismo per pochi eletti. Sei giorni dopo, nelle prime ore del mattino, l'imbarcazione è al largo di Porto Selvaggio, provincia di Lecce. Sta navigando a motore e fende le onde a circa sette nodi. La terra è a sole dieci miglia. Il guardacoste della finanza affianca lo scafo: è un controllo ordinario, uno dei tanti. Il libretto di navigazione è in ordine, Dvali sembra un professionista del mare. I finanzieri salgono a bordo. L'uomo a quel punto tradisce nervosismo. Alla richiesta di notizie sulle persone a bordo, Dvali risponde che sta accompagnando una famiglia americana in vacanza nel Mediterraneo. Ora stanno dormendo, non vorrebbe disturbarli. Il suo inglese non è stentato, eppure balbetta. A insospettire le forze dell'ordine è soprattutto il suo sguardo, che corre più volte verso la porta chiusa della cabina. I finanzieri decidono di fare un controllo più approfondito. Sottocoperta non c'è la famiglia americana appassionata di vela. Non c'è la coppia con i figli adolescenti. Quando gli uomini in divisa infilano il naso all'interno, accolti da una zaffata di acido e puzzo di sudore, trovano quaranta uomini afgani dai sedici ai trentadue anni. Tutti della provincia di Herat. I loro sguardi sono smarriti, molti hanno il mal di mare. Sono passati dalla Turchia: prima Istanbul, la centrale di smistamento del traffico di uomini provenienti da mezzo mondo, poi Smirne, da lì fino a Bodrum, dove hanno incontrato Dvali. Mollati gli ormeggi, facile rotta verso l'Italia, ultima destinazione le coste pugliesi.

Giorgi Dvali in realtà non si chiama così. Il suo vero nome è un altro, ma i magistrati che hanno indagato sulla vicenda e che ce la raccontano preferiscono non rivelarlo. È uno scafista. Astuto e capace, si è servito di questo stratagemma per superare le barriere del Vecchio continente aggirando la polizia internazionale che contrasta l'immigrazione clandestina. Il suo è l'ultimo, formidabile chiavistello per violare la «fortezza europea». Un trucco recente, che ha preso piede non solo nel Mediterraneo ma anche nel Canale della Manica. Gli yacht di lusso, a vela e a motore, non attirano l'attenzione delle forze dell'ordine. I migranti possono essere nascosti sottocoperta, invisibili dall'alto quando un aereo o un elicottero sorvola i mari. L'unico segnale esterno, il tallone di Achille, è il notevole abbassamento della linea di galleggiamento di barche che, nate per portare al massimo dieci persone, arrivano a contenerne quattro o cinque volte di più.

A volte acquistati, altre volte rubati, altre volte ancora, come nel caso di Dvali, affittati «a scoppio», cioè con documenti falsi e false identità per ottenere la disponibilità di una barca che non sarà mai restituita, come spiegano alcuni pubblici ministeri che da tempo indagano sul fenomeno. Una traversata così costa al giovane afgano o pachistano dai 1000 ai 4000 euro. Si parte da Adalia, Smirne, Tekirdağ; si viaggia attorno agli otto nodi, circa quindici chilometri orari. Il viaggio verso l'Italia dura dai cinque ai sette giorni: si impiega di meno con i motoryacht, che attraversano il Mediterraneo con velocità di crociera attorno ai venticinque nodi. Resta l'alternativa dei gommoni superveloci che partono dalla Grecia (Leucade, Corfù, Igoumenitsa) e non più dall'Albania dove i controlli sono diventati più severi. Sfrecciano a oltre sessanta-settanta nodi, la traversata dura al massimo cinque ore, ma è più facile che la guardia costiera li intercetti.

La sorte, quel giorno di maggio, non ha sorriso al nostro capitano. La roulette dei controlli ha beccato proprio il suo Bavaria 42 e lui è finito in carcere. Si farà quattro anni per favoreggiamento di immigrazione clandestina mentre il Bavaria 42, insieme ad altre decine di yacht, è sotto sequestro.

Cataldo Motta, capo della Procura della Repubblica di Lecce, e Guglielmo Cataldi, suo sostituto, sono magistrati antimafia. Negli ultimi vent'anni hanno combattuto la Sacra corona unita, hanno contrastato i traffici di sigarette e di droga, e poi quelli di uomini e di donne, prima a opera della mafia albanese, oggi di trafficanti turchi, afgani, pachistani, iraniani e greci. Sono loro che si occupano del caso del Bavaria 42, così come, nel 2011, dell'operazione investigativa «Ropax», coordinata dalla Direzione nazionale antimafia e condotta dalle distrettuali di Bologna e Lecce, che porterà a disarticolare un grande network criminale, con vertici operativi in Grecia e in Turchia, che trafficava afgani, pachistani e iraniani. Due le rotte. Una dall'Egitto, dove i migranti erano convogliati e fatti salpare verso la Sicilia. L'altra dalla Turchia, passando in qualche caso per la Grecia, o direttamente verso l'Italia. Il caso Bavaria 42 e l'operazione «Ropax» aprono uno squarcio sull'abilità, la flessibilità, lo spirito imprenditoriale di questi signori del crimine, sempre pronti a reagire alle mosse e contromosse delle forze dell'ordine e a studiare nuovi modi per entrare in Europa.

I trucchi del mestiere

Muri, pattugliamenti, chiusure delle rotte non possono nulla contro il sistema illegale del traffico di migranti.[1] Un sistema gestito da organizzazioni criminali sempre più articolate, con una vera e propria sensibilità imprenditoriale: creatività e astuzia sono le loro armi migliori. Il modello organizzativo fa dell'adattabilità a ogni situazione un imprescindibile punto di forza. Criminali, certo, ma imprenditori. Entrano in affari per le più diverse ragioni: perché sono vicini a un confine oppure perché sono provetti navigatori. Operano secondo un sistema refrattario alle più sofisticate investigazioni. Fanno rete ma in maniera fluida, non seguendo il modello monolitico tipico delle organizzazioni criminali come la mafia o la 'ndrangheta.

---

[1] In questo libro, per ragioni di semplicità narrativa, i termini traffico di migranti, traffico di clandestini e *smuggling* sono usati come sinonimi. Tuttavia bisogna tenere presente che «clienti» dei trafficanti possono essere sia migranti che entrano senza alcuna autorizzazione all'ingresso (clandestini), sia stranieri che entrano sulla base di presupposti legittimi ma che poi perdono i requisiti necessari per la permanenza sul territorio nazionale (irregolari), sia migranti che, una volta arrivati, possono richiedere asilo, ovvero il riconoscimento dello *status* di rifugiato o altre forme di protezione internazionale.

Il business si costruisce sulla fiducia e sulla parola data. Si ristruttura velocemente: sventata una rete se ne crea subito un'altra. Un network criminale straordinariamente flessibile. Ogni frontiera sarà superata da uno *smuggler*[2] talentuoso: un contrabbandiere che, dietro un accordo e un pagamento, aiuta i migranti ad arrivare clandestinamente nel paese prescelto. I modi per farlo sono i più disparati e, a volte, inaspettati, come il trucco che le forze dell'ordine scoprono in un altro porto pugliese, quello di Bari. Immaginate quei programmi tv in cui meccanici americani un po' pazzi trasformano una vecchia auto in un bolide colorato e personalissimo. Gli *smuggler* usano un metodo simile. Sulle navi che arrivano dalla Grecia, nel flusso di auto, camper e camion che vengono imbarcati, i finanzieri e i poliziotti fanno controlli a caccia di migranti irregolari. Tra le tecniche più usate dai trafficanti per nasconderli c'è quella di ricavare spazi all'interno dei cruscotti o nei vani di cortesia. L'obiettivo in questo caso non è abbellire o rendere straordinaria un'automobile. Lo scopo è nasconderci dentro migranti e passare la frontiera. Come un moderno cavallo di Troia. Certo, il migrante sta un po' stretto, ma il metodo è sicuro, sempre che l'autista non tradisca il proprio nervosismo.

Un altro trucco consiste nel ricavare un loculo dentro il sedile, svuotato dell'imbottitura e lasciato come scheletro. Oppure creare doppifondi nei camion o ancora imbarcare

---

[2] Gli *smuggler* non gestiscono la tratta di esseri umani. In questo caso si parla di *trafficker*, ovvero criminali che con l'inganno o con la forza muovono persone per sfruttarle a destinazione. Come fa la criminalità organizzata nigeriana che gestisce la prostituzione. Sebbene i punti di contatto tra *smuggler* e *trafficker* siano tanti, ed esista un'area grigia in cui le due tipologie di criminali si confondono e si sovrappongono, abbiamo preferito tenere i due aspetti separati.

camper con finte famigliole che sembrano in vacanza. A volte la creatività dei trafficanti sfiora la rappresentazione teatrale: clandestini spaesati si trasformano in allegre famiglie in gita per l'Europa. Immaginate questa scena: nel retrobottega di un internet point, lontano da occhi indiscreti, c'è un gruppo di afgani un po' spaventati, guardati a vista da due membri dell'organizzazione. Tra di loro ci sono un uomo e una donna, entrambi sulla cinquantina. Più in là, in disparte, due ragazzi sotto i vent'anni. I membri dell'organizzazione li scrutano, sembra un casting. Puntano l'indice verso i quattro e fanno loro cenno di avvicinarsi. Parlano con tono deciso. Poco dopo uno degli organizzatori si presenta con vestiti di foggia occidentale, delle loro misure. Fanno fare loro una doccia. Li fanno pettinare e poi li vestono con quegli abiti. Dopo un paio d'ore l'aspetto dei quattro è assai diverso, l'aria un po' meno spaurita. Gli organizzatori scattano alcune foto formato tessera. Poi li forniscono di biglietti del treno per il Nord, verso la Francia, e infine di carte d'identità. Tutti e quattro hanno gli stessi cognomi sui documenti. Un uomo e una donna di mezza età e due ragazzi, che viaggiano insieme: una famiglia perfetta.

Il vicequestore aggiunto Antonella Chiapparelli e il sostituto commissario Paolo Patrizi, rispettivamente dirigente e vicedirigente della Digos di Frosinone, hanno scoperto e sventato una delle più grandi organizzazioni criminali di trafficanti di uomini. Li abbiamo incontrati durante il lavoro di scrittura di questo libro e ci hanno raccontato meglio questa attività di camuffamento, che ritroviamo, in forme diverse, in tanti altri casi di *smuggling*: «Quella degli afgani è una migrazione di massa. Devi avere delle strutture pronte ad accogliere. A questi scopi è utilizzata spesso una rete di phone center. Nei retrobottega abbiamo trovato delle botole. Lì, dopo una ripulita, a chi deve continuare il viaggio in aereo o in treno vengono forniti abiti e documenti nuovi. Lo scopo è rendere queste persone molto più presentabili e meno sospette. Spesso viaggeranno insieme verso la destinazione e daranno meno nell'occhio perché sembreranno una famiglia o un gruppo di amici. Ridurranno così i rischi massimizzando la possibilità di arrivare alla meta».

Confessioni di un trafficante di uomini

Questo libro racconta come funziona la mafia dei trafficanti di uomini. Chi sono? Come e perché hanno iniziato a trafficare? Come organizzano le loro attività illecite? Quali rotte scelgono e perché? Quanto si fanno pagare e come? Come hanno eluso i controlli e le indagini rimanendo per anni nell'ombra? Come «fanno rete»? Come intercettano la domanda di migrazione?

Tutto questo poteva essere raccontato solo da loro. Dai trafficanti di uomini. Li abbiamo incontrati e li abbiamo fatti parlare, analizzando ogni volta le loro storie, i comportamenti, il metodo di lavoro, per capire il sistema criminale che c'è dietro. Questo libro raccoglie le loro confessioni. Ne racconta le parabole, dagli inizi e molto spesso fino alla resa dei conti.

Josip Lončarić, il più abile, si è fatto acciuffare a Lubiana, ma è stato rilasciato dalle autorità slovene dopo pochi mesi di carcerazione preventiva ed è sparito di nuovo nel nulla. Origini croate, era a capo di un impero miliardario. Per le sue mani, negli anni Novanta, è passato circa il 90 per cento dei cinesi che sono approdati in Italia, insieme a molti clandestini provenienti dal Bangladesh e dalle Filippine.

L'organizzazione che dirigeva, una delle più importanti al mondo, la guidava con l'ex moglie, una giovane donna cinese, che si occupava soprattutto di procacciamento di affari e gestione dei flussi. La parte operativa dei viaggi era spesso appaltata a piccoli o medi criminali senza scrupoli. Lončarić è stato «il più importante trafficante d'uomini d'Europa», come l'ha definito Federico Frezza, sostituto procuratore a Trieste, che all'epoca faceva parte del pool anticlandestini e che con lui aveva ingaggiato una caccia all'uomo.

Un altro big dello *smuggling* si chiama Muammer Küçük, origini turche, per anni boss indiscusso degli sbarchi illegali nel Mediterraneo. È un genio del marketing, ha conquistato fette di mercato sbaragliando la concorrenza con un'offerta all'insegna dell'eccellenza qualitativa: chiede i soldi solo a destinazione raggiunta, garantisce viaggi più sicuri fornendo mappe e telefonini di ultima generazione ai suoi equipaggi, ha diversi agganci nei luoghi di destinazione, che assicurano appoggio a chi sbarca ma vuole raggiungere altri paesi. Il sistema degli yacht è una sua invenzione.

Loro e molti altri, dall'Europa dell'Est fino ai paesi che si affacciano sul Mediterraneo, ci hanno consentito di raccontare un mondo parallelo che nessuno conosce. Dietro all'immigrazione irregolare, dietro alle decine di migliaia di migranti che ogni anno arrivano in Europa c'è un'industria, fatta di piccoli delinquenti, sì, a volte di miserabili, ma anche e soprattutto di grandi professionisti del crimine, di gente in doppiopetto, veri e propri uomini d'affari il cui fatturato mondiale è secondo solo a quello della droga. C'è una rete gigantesca, fatta di «agenti», come li chiamano i migranti, che interagiscono facendo business da remoti punti del globo: una rete di persone che organizzano le migrazioni clandestine.

Lo scafista è solo la punta dell'iceberg. A volte, lui stesso è un migrante che si ripaga il viaggio mettendo a frutto presunte doti di skipper. A volte è un piccolo criminale, altre volte un «medio» delinquente. Dietro di lui c'è un universo criminoso tutto da raccontare. Dobbiamo smettere di credere che i trafficanti siano piccoli criminali in cerca di facili e striminziti guadagni. Solo così si metterà fine alle strumentalizzazioni politiche del fenomeno, alla miopia con cui lo si osserva da tempo. E si farà chiarezza. Si comprenderà che non è arrestando qualche giovane scafista che il problema si risolve. Esiste un network globale che lucra sulla necessità di spostamento delle persone, spostamento che non può avvenire legalmente. Per ogni migrante che arriva in Italia o in un altro paese dell'Unione europea, per ognuna di quelle facce sofferenti che i giornali sbattono in prima pagina, c'è un ricco imprenditore che ha intascato dai 1000 ai 10.000 euro.

Queste pagine raccontano la più grande e la più spietata «agenzia di viaggi» del mondo.

Io sono Mosè

Il trafficante siberiano

Aleksandr è un trafficante. Un siberiano che ha lavorato a lungo per i potenti *smuggler* turchi. Occhi chiari, furbi, basta vederlo per capire che è un tipo carismatico. Ti guarda sempre in faccia con un sorriso di sfida. I capitani, quelli che guidano le imbarcazioni, quelli che fanno il lavoro sporco, sono una risorsa indispensabile per le organizzazioni dei trafficanti di clandestini. Lui è uno di loro. Il sistema riesce a mettere in contatto collaboratori anche a migliaia di chilometri di distanza uno dall'altro, a patto che questi siano bravi e talentuosi. Con Aleksandr cerchiamo di capire come le organizzazioni di trafficanti reclutano skipper, novelli Caronte che rischiano tutto per un po' di soldi. Lui ha rischiato tutto. Aleksandr sostiene di essere il migliore in questo lavoro.

Sono nato in Siberia, vicino alla città di Irkutsk, nel 1971. Ho vissuto lì per diciotto anni, poi sono partito per il servizio militare. Da quel momento ho iniziato a girare il mondo. Ho passato quindici anni a Vladivostok, nell'estrema punta orientale della Russia, di fronte al Giappone. Ho frequentato l'Accademia navale, specializzazione meccanica, e fin dall'inizio dei miei studi mi sono interessato alle barche a vela. Quando è crollata l'Unione sovietica, tutti sono andati in cerca del capitalismo, si sono mossi per fare soldi. Io ho preferito diventare uno skipper: a ventiquattro anni ero già capitano.

Lo Stato all'epoca era finito, non funzionava più nulla. Non c'erano regole, né polizia, né dogane. Vladivostok era un posto zeppo di criminali, forse la peggiore città dell'ex Urss: se avessi voluto fare i soldi, a quest'ora sarei un uomo morto. Negli anni Novanta, vicino a un mercato di auto giapponesi dove si compravano macchine a quattro soldi, c'era una grande discarica. Quando qualcuno andava con i contanti in tasca, 3000 o 4000 dollari, capitava spesso che lo facessero fuori. Si intascavano i soldi e lo buttavano nella discarica. Oggi quel luogo è una gigantesca tomba per centinaia di persone.

A Vladivostok ho imparato ad andare a vela. Ho imparato bene, le barche che portavo all'inizio erano senza motore. Avevo così tanta dimestichezza che un'imbarcazione di tredici metri e otto tonnellate di peso la muovevo a vela anche dentro il porto. All'inizio conducevo le barche messe a disposizione dall'Accademia navale, poi ho lavorato con quelle dei ricchi, dei nuovi capitalisti. Il primo grande natante di cui ho retto il timone era di un commerciante.

All'epoca funzionava così, appena uno diventava miliardario si comprava lo yacht. Nel 1993, ogni mese il rublo si svalutava. Bisognava investire subito comprando, così da non perdere i soldi liquidi. Quello era capitalismo selvaggio. Molta gente si ritrovò con la barca ma senza andarci mai. Era diventato uno status per i ricchi, un simbolo. Per un periodo uno yacht extralusso, di fatto, appartenne a me: i legittimi proprietari, ricercati dalla polizia, erano scappati all'estero.

Ho lavorato in Corea del Sud. Ho portato a lungo una Ferretti di 73 piedi. Senza equipaggio. Quando facevo le manovre e la ormeggiavo in porto, tutti applaudivano. Per me era una passione. Del denaro mi importava poco, avrei potuto guadagnarmi da vivere in mille altri modi. Ma io amavo il mare e quella vita.

Negli anni in cui Putin è arrivato al potere, la situazione è cambiata radicalmente: c'erano meno soldi e meno lavoro. Sono tornato in Siberia, anche perché mia madre era anziana e con problemi di salute. Prima di rientrare a casa ho trascorso anche un breve periodo in Italia, ho lavorato due mesi a Viareggio, ovviamente come skipper.

A quel punto sono stato costretto a cercare un'occupazione tramite internet. Ho scritto diversi annunci, volevo trovare un impiego sempre come capitano. Avevo inoltrato la mia richiesta anche su un portale ucraino. Era il 2010. Prima di Natale, proprio tramite questo portale, ho ricevuto un'offerta interessante. Mi hanno contattato via Skype per una specie di colloquio di lavoro. Un'intervista. Domanda e risposta. La persona con cui chattavo stava in Ucraina. Ho scoperto successivamente che era un operatore dell'organizzazione, uno schermo tra l'organizzatore e lo scafista. Perché quest'ultimo non deve sapere nulla dell'altro. Solo così il boss sarà protetto da un'eventuale azione di polizia e magistratura. Gli organizzatori sono sempre nascosti.

All'inizio hanno voluto una copia del mio passaporto. L'ho inviata via email: c'era il mio indirizzo, la mia foto, tutto. Non potevo nascondere nulla! Poi, in un secondo colloquio, mi hanno tempestato di nuovo di domande: fumi? No, non fumo. Bevi alcol? No, non bevo alcol. Ti droghi? Come stai di salute? Domanda e risposta, domanda e risposta. Sono stati espliciti. Mi hanno detto: «Per un viaggio, 5000 dollari». Io ho risposto ok. Non ho chiesto soldi in anticipo.

Biglietto di sola andata

L'«operatore», sempre via Skype, mi comunica che mi avrebbero pagato il biglietto aereo per andare dalla Siberia a Kiev. Gli chiedo: perché proprio in Ucraina? Mi dice che lui si trova lì e che vuole conoscermi di persona. Mi consiglia di reclutare un altro membro dell'equipaggio, un aiutante. Per me va bene. Contatto un mio amico di Nachodka, vicino a Vladivostok. Con lui in passato ho vissuto un'avventura indimenticabile: in barca a vela, con lo scafo montato su tre lunghi pattini, sul ghiaccio a 120 chilometri all'ora! Lui accetta. Tutti i nostri voli vengono pagati dall'operatore. Resto in Ucraina per un paio di giorni, l'operatore desidera instaurare un clima di fiducia, chi è sopra di lui vuole la conferma che abbiano trovato la persona giusta. È un business. L'operatore parla russo perfettamente. È un turco, ma sa molto bene la mia lingua, conosce la nostra cultura, addirittura i nostri cartoni animati. È più russo di me!

Mi dice di non preoccuparmi, che ci sono due barche, una di otto e una di quindici metri pronte per partire. Che ci avremmo messo dentro massimo dieci persone. Più viaggi avrei fatto, più soldi avrebbero sganciato, funziona così. L'operatore ha sui quarant'anni. Massiccio, con una pancia enorme. Il viso brutto, ma lo sguardo intelligente. Un naso grasso e aduncо allo stesso tempo. La pelle olivastra. Mi sembra da subito uno molto sveglio. Alla fine siamo diventati quasi amici. Ho anche saputo il suo vero nome, Ahmed. Non vive in Turchia perché è nel mirino della polizia e fa di tutto per entrare in territorio turco il meno possibile. È un latitante. Capite come funziona? Gli scafisti vengono condannati, l'operatore viene condannato, ma gli organizzatori, i capi, restano puliti.

Mi fa intendere che non devo mai pronunciare la parola «organizzatore». Mi dice: «Tu vai a Istanbul. Lì viene "una persona" che ti dà i soldi». Non mi spiega chi sia. Solo dopo l'ho capito. L'operatore mi acquista un biglietto per Istanbul. Mi prenota un albergo a Sultan Ahmet, vicino alla Moschea Blu. Una volta nella stanza avrei ricevuto una telefonata. Anche il mio amico russo è già in quell'albergo. Tutto pagato. Quando arrivo alla reception consegno il mio passaporto, mi presento con il mio vero nome. La cosa va per le lunghe. A Istanbul rimango alcuni mesi, senza mai partire. Dopo un po' dico al mio amico di tornare a casa, al suo posto recluto due nuovi membri dell'equipaggio. Due donne: una mia amica e la mia fidanzata. Niente, ancora fermi. Dopo diverse settimane rispedisco indietro anche loro. Siamo ostaggi di quelle persone. Riesco a rassicurarli che avrei fatto lo stesso il viaggio, ma da solo, e solo se le donne fossero tornate in Russia. Così è stato.

Ogni volta che chiedo quando dovremmo partire, l'operatore risponde: «Domani, domani, domani», «tra una settimana, forse», «adesso ci sono problemi perché sono morte centoventi persone, quindi la polizia controlla di più». Poi finalmente vado a Bodrum, lì mi danno una barca di legno, malconcia, con il motore arrivato. Una merda di barca. Quando salgo a bordo mi spavento, eppure ne ho viste tante di bagnarole nella mia vita! L'operatore mi dice: «È per sessantacinque persone». «Che cosa?!» ribatto. Sono incazzato nero. Mi fa: «Tu non ti devi incazzare con me!». Gli rispondo che non avrei fatto nulla con quel relitto. Come minimo avrebbero dovuto sistemare il motore e i vari impianti, il Gps. Sarebbe stata una follia infilarci tutte quelle persone. Follia pura. Lui mi sta a sentire, per fortuna. Decidiamo di trovare un'altra barca: altri due mesi di attesa! Giro la Turchia per cercarla. Intanto passano i giorni, tutto a spese loro: albergo, cibo, viaggi. Riesco a trovare quella giusta: nove metri di lunghezza. Trentunomila euro di costo. A loro va bene.

Prendo un volo da Istanbul fino a Marmaris. Un'ora di aereo. Vado al porto, salgo a bordo e prendo il largo. Sono le sette di sera di un giorno di aprile del 2011 e mi avvio a lasciare le acque turche.

Sebbene il mare aperto mi dia un grande senso di libertà, rimango comunque un ostaggio. Da quando ho firmato il documento di affitto della barca, mi hanno in pugno. Sono sequestrato, con le spalle al muro: se fuggo mi denunciano per il furto. Seguono il mio viaggio, ogni due ore devo comunicare le mie coordinate. Vogliono sapere tutto, quelli dell'organizzazione. Per un lungo tratto la navigazione è difficoltosa. Il vento è fortissimo, una vera tempesta. Il motore non può reggere, per questo decido di avvicinarmi a terra. Butto l'ancora tre volte, una catena di settanta metri di metallo con grossi anelli. Sono solo come un cane. Fa freddo, il libeccio soffia sempre più forte, schizzi d'acqua ovunque. La barca non si ferma. Solo al terzo tentativo riesco ad ancorarla bene. Sono stremato, mi butto in coperta e provo a dormire qualche ora. Sono vicino a una piccola isola greca, non mi ricordo il nome. Chiudo gli occhi e mi risveglio all'alba, con una chiesa ortodossa che incombe sopra di me. È il momento di ripartire.

Arrivo a Leucade dopo una settimana e un'altra brutta tempesta. Avrò dormito due notti appena. Ogni venti minuti mi svegliavo per controllare l'orizzonte. Su quell'isola ionica rimango tre giorni. Tramite Western Union, l'organizzatore mi manda 2000 euro. Servono per comprare un gommone con il motore da usare come tender. Per telefono mi fa: «Se tu non prendi trentuno persone avrai dei problemi». Non conosco il piano, non so nulla. Mi dice di uscire dal porto di Leucade e rimanere in rada tutta la notte. L'indomani mi avrebbe fatto sapere dove andare a raccogliere i clienti. Le coordinate mi portano in una zona rocciosa lungo la costa. Non c'è un villaggio, non un porto, niente. È notte, buio pesto. Mi avvicino, sono così attaccato agli scogli che tocco le rocce. Quei bastardi cominciano a entrare, come delle palle da biliardo rotolano rapidamente sottocoperta. *Tum, tum, tum!* Veloci, senza nemmeno ascoltare i miei ordini, nessuno parla inglese. Tutti dentro. Trentuno esatti, tutti maschi. La maggior parte giovani, tra i diciassette e i venticinque anni. Afgani e iracheni. Solo uno di loro ha il cellulare. Forse è lui che tiene i contatti con i capi, ma non ne sono certo. Mi stavano aspettando nascosti tra i cespugli sulle rocce. Mi dicono di andare in Sicilia ma io mi impongo: «Troppo lontano e pericoloso». Decido di andare in Puglia. Velocità quattro nodi, vado a vela e a motore contemporaneamente.

Ci mettiamo due giorni. I clandestini stanno tutti sottocoperta, il punto di gravità deve stare sotto l'acqua. Devono rimanere lì, anche se vomitano. Se qualcuno sale, imbarchiamo acqua e moriamo. Sono duro con loro, devono stare zitti e ascoltarmi. Nessun capitano ha mai fatto questo viaggio da solo, senza equipaggio. Solo io. Nessun velista, nemmeno quelli dell'America's Cup possono raggiungermi. Io so di essere migliore degli altri. I clandestini durante la traversata pregano. Io sono la loro unica speranza. Avrei potuto dare il timone in mano a uno di loro, prendere il gommone e tornare indietro. Abbandonarli al loro destino. Ma non me la sento di far correre dei rischi così grandi a quella gente. Sarebbe un reato. Lo è anche lo *smuggling*? Mosè per me è stato il primo scafista della storia! E io sono come lui, come Mosè!

Una volta arrivato in acque territoriali italiane spengo tutte le luci della barca. Siamo vicini alla costa. Silenzio assoluto, buio assoluto, solo il rumore delle onde e il ronzio del motore al minimo. A un tratto però mi giro e vedo una specie di gigantesca testa di drago: è la motovedetta della guardia di finanza, anch'essa con le luci di navigazione spente. Impreco. Spengo il motore. Si avvicinano. Urlo che la radio non funziona. Mi dicono, in inglese: «Devi stare fermo, non fare movimenti». E io: «Ok, ok». Iniziano a fare manovra per avvicinarsi. In quel momento provo un grande fastidio. Il timoniere è un dilettante, un imbranato. Gli dico di lasciar stare, che mi sarei avvicinato io. Loro mi intimano di stare immobile e non fare manovre. Salgono a bordo. Mi chiedono se io sono senza documenti. Rispondo che li ho. Tutto in regola. Se avessi detto che non li avevo, sarei diventato automaticamente un clandestino e i magistrati non mi avrebbero condannato come scafista. Ma questo giochino non fa per me. Io sono un lupo di mare, sono un professionista. Quei migranti sono stati fortunati, alla fine sono arrivati in Italia. Qualche mese prima, a gennaio, appena giunto in Turchia, erano da poco morte centoventi persone compreso l'equipaggio. La barca è affondata. Tutti affogati o congelati. L'acqua d'inverno in quel tratto di mare è gelida. Se il capitano fossi stato io sarebbero vivi come questi altri trentuno.

Mi hanno dato quattro anni e otto mesi. Devo stare ancora più di due anni in carcere [per proteggere l'identità di Aleksandr non possiamo rivelare il carcere in cui nell'estate del 2013 lo incontriamo, *nda*]. Ho perso quindici chili, ho studiato l'italiano e ho preso anche il diploma da ragioniere. Dipingo. Dicono che sono bravo con il pennello. In questo momento sto lavorando a una tela di due metri per uno e venti. Sto ritraendo i giudici Falcone e Borsellino. Sapete quella famosa immagine dove loro chiacchierano sorridenti? Sono il primo a fare un quadro a olio partendo da quella foto.

Un'agenzia criminale

I turchi sono simili ai russi. L'organizzatore una volta è stato persino a Vladivostok. Quando l'ho saputo, ho intuito che intesseva rapporti con le forze dell'ordine, con i tribunali, con i servizi segreti.

Quando ero a Istanbul, durante i mesi di attesa, quelli dell'organizzazione devono aver capito che ero in grado di fare tutto, che ero sveglio e versatile, e hanno provato ad assumermi per ruoli più alti. Però sempre per una manciata di soldi. «Noi non vogliamo che tu faccia il viaggio, vogliamo che tu lo organizzi.» È così che sono entrato in contatto con l'organizzatore. Di solito questo non avviene: non capita quasi mai che scafisti e organizzatori si conoscano. L'unica accortezza che lui usava era quella di presentarsi sempre con nomi diversi. Mi volevano assumere, ma non accettavo l'idea di fare affari reclutando miei concittadini come scafisti e facendoli finire in prigione. Per far mettere il mio equipaggio in carcere avrei preso 1000 euro. Non sono il tipo, non faceva per me.

Dicono che sono socialmente pericoloso, perché ho scritto al magistrato che mi ha schiaffato dentro che io sono come Mosè. Ho cercato di difendermi da solo. Ho stilato due memorie ai magistrati. Ho scritto anche alla mia ambasciata indicando possibili testimoni, indirizzi, numeri telefonici. Sono partite indagini internazionali. Ma io intanto ho preso quasi cinque anni. L'operatore mi ha mandato anche un avvocato. Ho ricevuto una lettera da questo legale in cui diceva che la mia famiglia in Ucraina aveva pagato in anticipo per assumere la mia difesa. Ma i miei non vivono lì, sono in Siberia. All'inizio ho pensato che si fosse confuso, ma poi ho fatto un controllo, ho contattato casa. Nessuno dei miei aveva pagato. C'erano loro dietro! L'organizzazione è interessata a me. Ho qualità che servono al business. Alla fine quell'avvocato l'ho mollato.

Questo tipo di criminalità non è «organizzata». Io la definirei «separata». C'è un operatore, un altro, un altro ancora, e così via. Il primo conosce il secondo, ma il terzo non conosce il primo, capite? L'organizzatore non è conosciuto da tutti gli operatori e nessuno sa il suo vero nome. Questione di sicurezza e di sopravvivenza dell'organizzazione stessa. Gli scafisti, poi, non sanno quasi nulla. È un po' come una rete sociale. È come Facebook. Il Facebook dei trafficanti di clandestini. C'è un responsabile a Istanbul che fa da agente di reclutamento, come un'agenzia turistica. Dall'Afghanistan oppure dall'Iraq. Recluta solo su quella tratta e prende i soldi solo per quello. C'è poi chi si occupa del soggiorno dei clandestini in Turchia o in Grecia. Il viaggio probabilmente è in mano ad altri ancora, che io non ho mai incontrato. Sono in tanti. È concorrenza pura. L'organizzatore mi ha detto che vent'anni fa era più facile trafficare clandestini, non c'era competizione. Lo facevano solo una o due famiglie. Poi, quando l'Italia ha inasprito le pene per questo reato, automaticamente è salito il prezzo del biglietto: e subito è aumentata la concorrenza. È un mercato questo, a tutti gli effetti, in cui funziona la legge del capitalismo. Se volete distruggere il traffico, dovete colpire l'economia. Ma soprattutto dovete colpire gli organizzatori, i vertici del sistema.

Aleksandr non sa per chi ha lavorato. Non conosce il grande capo, il trafficante che da lontano ha seguito le sue mosse. Sa solo che i suoi referenti erano turchi: potenti, organizzatissimi e ramificati. Se Aleksandr sapesse, farebbe un nome, lo sussurrerebbe sconsolato, oppure lo urlerebbe con rabbia. Un nome che anni e anni prima è persino riecheggiato tra i muri di un carcere italiano. Un nome udito più volte e ripetuto a fil di labbra. Ma quel nome è come nebbia. Il nome del più grande trafficante di uomini per lungo tempo non ha avuto volto. Perché il più grande trafficante, alla pari di Josip Lončarić, è quello che non si fa prendere mai. E anche se delle volte si fa acciuffare, poi svanisce nel nulla. Si chiama Muammer Küçük, il trafficante da milioni di dollari.

Il trafficante da milioni di dollari

Una valigetta piena di soldi

Istanbul, quartiere di Beyazıt. Un uomo turco di etnia curda, sulla cinquantina, esce con una valigetta di pelle da un albergo malconcio. È una caldissima giornata di fine giugno di pochi anni fa. Cammina sicuro. Sa bene dove andare. Beyazıt ha il suo cuore pulsante sull'omonima piazza, un tempo centro principale della città, poco distante dal Topkapı, il palazzo del sultano durante l'Impero bizantino: una delle meraviglie della capitale turca da cui si domina il Corno d'Oro e il Mar di Marmara. L'uomo dal passo sicuro si specchia in una moltitudine di facce. Europei e mediorientali, difficile distinguere le origini tra quelle pelli olivastre e le anime meticce. Si ferma a contemplare per un attimo la grande moschea sulla piazza, poi se la lascia alle spalle. Varca la soglia di una delle entrate del Gran Bazar, che lo inghiotte. Si immerge nei colori, negli odori e nei suoni del grande mercato. Conosce bene il bazar, attraversa vicoli e vicoletti coperti, una svolta a destra, poi a sinistra, poi dritto, e infine ancora a destra. Passa davanti a una miriade di negozi, apparentemente tutti uguali fra loro.

Giunge nella parte del mercato in cui ci sono le gioiellerie. Nelle vetrine, grandi anelli con smeraldi e rubini, collane con enormi diamanti. Tanto oro che luccica, bianco e giallo, che acceca. Preziosi di tutte le forme. L'uomo si ferma davanti a una vetrina, non sembra molto diversa dalle altre se non per il fatto che vi sono esposti numerosi antichi monili ottomani. Entra. Scambia qualche parola di cortesia con il gioielliere che lo stava attendendo, poi gli consegna la valigetta che ha con sé.

Nella ventiquattrore ci sono 148.000 dollari. Il gioielliere va sul retro del negozio e nasconde i soldi nella cassaforte. Poi prende un blocchetto composto da biglietti divisi in due parti: una matrice, che rimane a lui, e un altro foglietto che, invece, stacca. Con una calligrafia stentata scrive su entrambe le parti: «140.000» e un nome, «Muhteşem Türk». Stacca il foglietto. Lo dà all'uomo. Quei 148.000 dollari sono stati consegnati al turco che è entrato in gioielleria da trentasette stranieri alloggiati nel fatiscente albergo da cui lui stesso è uscito. Ma non sono per lui. A lui ogni straniero ha già pagato 2000 dollari, 74.000 in totale. Che sono la sua parte. Perché lui si è occupato di portarli lì dalla Siria, dall'Afghanistan e dal Pakistan e di alloggiarli a Istanbul in attesa di un successivo spostamento verso l'Italia. I soldi nella valigetta sono gli ulteriori 4000 dollari che ciascuno di quei trentasette dovrà dare al capo dell'organizzazione, Muhteşem Türk, il «grande turco» o anche «l'incredibile turco», nel caso riesca a far arrivare quei miseri a destinazione. Muhteşem Türk è un soprannome. Tutti i suoi clienti, i suoi fornitori e dipendenti lo conoscono così. In Turchia dicono che il soprannome gli sia stato affibbiato dalla polizia italiana per l'estrema difficoltà nell'acciuffarlo e per la quantità di clandestini che ha trafficato negli anni. Il suo vero nome è Muammer Küçük. Per uno strano caso del destino, *küçük* in turco significa «piccolo».

Ma Küçük non è piccolo. È grande, se non di più, almeno quanto Josip Lončarić. Küçük fa parte delle nuove generazioni di trafficanti. Le nuove leve venute dopo il croato. Quelle per cui proprio Lončarić è stato un maestro, un modello. Küçük ha messo a frutto gli insegnamenti, facendoli rendere: negli ultimi dieci anni è stato il dominatore indiscusso dei traffici nel Mediterraneo con epicentro la Turchia.

Il viaggio dei trentasette stranieri è già tutto predisposto e avverrà via mare. L'«incredibile» ha già pronta una barca a vela. Partiranno il giorno dopo. Verranno spostati con piccoli pullman a Sığacık. Lì la costa degrada sul mare e i boschi arrivano quasi fino in acqua. Si nasconderanno tra i cespugli e aspetteranno la notte. Saranno caricati su un peschereccio di una ventina di metri e, al largo della costa di Çeşme, incontreranno la barca a vela. Un due alberi di nove metri, che ufficialmente può trasportare nove persone. È già stata acquistata e pagata 50.000 dollari. Un'eccezione per questo business: spesso, come abbiamo visto, i natanti vengono affittati «a scoppio» da skipper ucraini o russi, meno sospettabili. A bordo dell'imbarcazione al largo ci sono i due capitani. Saranno loro a portare in Italia il carico umano.

Agli skipper sono stati promessi circa 20.000 dollari. Tolta qualche altra spesa, a Küçük resteranno circa 60.000 dollari, puliti. In nero, esentasse. Non male, se si considera che di quei viaggi, da aprile a settembre, ne organizza una quantità sterminata. Spesso con barche rubate e più grandi, quindi con più clienti. Insomma, un giro d'affari che arriva a centinaia di migliaia di dollari ogni anno.

Una settimana dopo, il carico è arrivato a destinazione. Il «grande turco» è nel bazar, entra anche lui nella gioielleria.

«*As-salām 'alaykum.*»

«*Wa 'alaykum as-salām.*»

«Ecco il mio biglietto. Sono venuto a ritirare. Ho bisogno di liquidi.»
«Sì, i clienti hanno chiamato e mi hanno detto che sono arrivati. Aspettami. Torno subito» dice il gioielliere guardando il pezzo di carta. Si assenta un attimo, va sul retro e ritorna con i 140.000 dollari. Li incarta e li dà a Muammer Küçük, che accenna un mezzo sorriso. Ne mancano 8000 all'appello. Certo, anche il gioielliere ci deve guadagnare qualcosa. Il suo è un servizio fondamentale nel «sistema» di Muammer Küçük.

Sul libro mastro del trafficante

Per capire come girano i soldi nell'organizzazione di Muammer Küçük, come si articola il suo «sistema» tentacolare, sono utili le parole di Ohran. Lui è un «capitano» e non vuole che si riveli la sua identità e il posto in cui vive.

È un bell'uomo sulla cinquantina. Turco. Anche se conosce un po' di inglese, noi preferiamo che si esprima nella sua lingua, ci serviamo di un'interprete. Lo incontriamo in un giorno di metà giugno del 2013. Dal colletto e dalle maniche arrotolate della camicia si intravedono alcuni tatuaggi di vecchia data. Capelli grigi, raccolti in una coda. Occhi di un azzurro ghiaccio, che guardano fissi nei tuoi mentre parla. Un sorriso schivo e sornione allo stesso tempo. Ha frequentato l'Accademia navale e in un periodo di scarsa occupazione è finito a lavorare per il «sistema». All'inizio si occupava solo della manutenzione di una barca, ma portava esclusivamente turisti. Poi l'hanno obbligato a fare il capitano. Hanno usato l'intimidazione. «Noi conosciamo i nomi dei tuoi figli. Sappiamo dove trovarli. Non vorremmo che accadesse loro qualcosa di brutto. Se lavori con noi ti daremo soldi» gli dicevano i primi tempi. Un po' per denaro, un po' per paura Ohran è entrato nel mondo dello *smuggling*.

Ohran sa come funziona il «sistema», come passano di mano e vengono investiti i soldi del business. Quanto il capo paga e a chi. Lo facciamo parlare, ci fa capire i numeri dei trafficanti: entrate e uscite. E chi è sul libro paga del «piccolo grande turco».

A Istanbul ci sono diversi reclutatori, detti anche organizzatori. Occupano ruoli di alto rango nel sistema. Sono quelli che gestiscono i flussi dalla Turchia meridionale. Da lì entra di tutto: siriani, curdi, afgani, pachistani. Le persone che gestiscono il reclutamento sono turchi di origine curda. Conoscono i luoghi e le lingue, sono in contatto con dei referenti nei territori di provenienza dei migranti.

Sono questi organizzatori che si occupano di tutto. Affittano vecchie fabbriche o alberghi dismessi: dei veri depositi di uomini. I clienti arrivano e vengono nascosti: i quartieri di Aksaray e Beyazıt sono i centri di raccolta più frequenti.

I clienti arrivano qui con i soldi, di solito hanno in tasca 5-7000 dollari. I gestori del reclutamento ne tengono per sé 2000 a cliente, come compenso. I restanti servono per pagare il capo, per il servizio di passaggio verso l'Europa. Ma dovranno essere versati una volta che i clienti arrivano a destinazione. Sono soldi che spetteranno a Muammer Küçük. Lui sovrintende e gira su tutto il territorio. Vive a Istanbul, ma soggiorna spesso anche sulla costa.

Nelle fabbriche e negli alberghi ci sono dei guardiani. Cinque o sei persone che lavorano e prendono tra i venti e i trenta dollari a cliente. Sembra poco, ma le persone da controllare sono tante e il lavoro non è né faticoso né rischioso.

I clienti vengono infilati su un pulmino, da Istanbul a Bodrum, ad esempio. Sette, massimo otto alla volta. Lungo la strada ci sono gli «osservatori». Seguono il veicolo con la loro auto, di solito in due. Oppure vanno avanti con il taxi e aspettano che arrivi. Danno notizie. Scortano. Guardano e telefonano. Dicono se c'è la polizia. Comunicano se la strada è libera. Cercano di capire quale sia il momento giusto per far arrivare la barca a riva, quella che dovrà caricare i migranti. Aspettano che scenda la notte, quello è il momento migliore per imbarcarli. Lo spostamento dura quattro, cinque ore al massimo.

Gli osservatori sono sul libro paga di Küçük. Guadagnano tra i 700 e gli 800 dollari a viaggio. Se lo fanno tre, quattro volte al mese tirano su bei soldi. In Turchia se guadagni 2000 dollari fai una bella vita. Un pensionato ne prende al massimo 500 al mese. E poi non c'è grande pericolo, bisogna solo guardare, non è un lavoro rischioso. Chi ti può mettere in galera perché stai semplicemente osservando un pulmino passare?

Per due capitani di solito si stanziano circa 20.000 dollari, 10.000 a testa. Altri 5000 vanno al factotum che li ha trovati. Chi si occupa di reclutare gli skipper per l'organizzazione generalmente vive a Marmaris o in altre località litoranee. Cercano e sovrintendono. Non c'è lavoro sulla costa e le persone disponibili alle traversate si trovano. C'è bisogno di soldi, di questi tempi.

Per il factotum lavorano i marittimi, che fanno trovare tutto pronto. Si occupano della barca, di caricare l'acqua e preparare il cibo: pasta, patate, olive. Tutto già cucinato. Ma queste sono spese irrisorie. Quelle importanti sono le barche, appunto. Il noleggio per una settimana costa 3000 dollari. Ai turchi non le affittano più così facilmente. Hanno paura, sanno cosa può succedere. Si fidano più dei rumeni, degli ucraini o dei russi.

La mia l'avevano comprata, pagata 50.000 dollari. Era piuttosto vecchia, aveva una trentina d'anni. Non batteva bandiera turca: è il modo migliore per evitare i controlli. Molte, ad esempio, battono bandiera americana. Per risparmiare si possono noleggiare i pescherecci, i costi non superano i 20.000 dollari totali e imbarcano molta più gente.

E poi c'è da «oliare» gli ufficiali per tutto il periodo che va da aprile alla fine di settembre. Un ufficiale corrotto riesce a ricavare circa 40.000 dollari in una stagione. Di solito è un tenente o un colonnello. Non c'è bisogno di coinvolgere altri funzionari, basta occuparsi di chi sta sul posto. Comunque la corruzione c'è a tutti i livelli.

Quanto guadagna Muammer Küçük? Calcolate che solo ultimamente sono stati arrestati trentacinque «suoi» capitani, che hanno portato in tutto venti barche. Ognuna di queste, se non la fermano, fa cinque-sei viaggi in tutta la stagione. Ogni imbarcazione porta, a singolo viaggio, un guadagno medio di circa 50.000 dollari. Fanno più o meno 300.000 dollari a stagione. Se si moltiplica per le venti barche fermate sono 6 milioni di dollari. Ed è solo la punta del colossale fatturato del trafficante turco.

Poi ci sono i viaggi fatti con le barche più grandi dalle quali si ricava molto di più. Da un peschereccio di venti metri, ad esempio, si ricavano 500.000 dollari, di cui 400 vanno in tasca sua. E soprattutto ci sono tanti altri capitani di cui io non so nulla.

Küçük ha messo da parte diversi milioni di dollari. È dalla fine degli anni Novanta che fa questo lavoro, a questi livelli. Dicono che abbia comprato una ditta farmaceutica e che abbia acquistato circa cento case nella sola Smirne. Le affitta. Penso che non abbia usato mai il suo vero nome, si è servito di prestanome. Altrimenti potrebbero arrestarlo, quantomeno per evasione.

I clandestini pagano in contanti a Istanbul. Nella capitale ci sono persone che raccolgono i soldi. Hanno delle casseforti, li mettono dentro. Dopo aver accumulato una certa quantità di denaro, lo portano a un gioielliere o agli uffici di cambio. Lo fanno perché lì girano sempre soldi, sia euro che dollari. Di continuo. Queste somme non sono poi così grandi, si nascondono in mezzo al flusso degli altri soldi. Chi tiene il denaro prende una commissione. Ogni anello della catena riceve un compenso, una quota. All'inizio non è denaro liquido. È un pezzo di carta. Il «cassiere», mettiamo un gioielliere, trascrive il nome di chi dovrà essere pagato su un blocchetto. E la cifra che gli spetta. Lo strappa in due parti. Una rimane a lui e l'altra va a chi fornisce la prestazione. Quando arriva il momento del pagamento, quest'ultimo va con il biglietto, lo mostra. Il cassiere lo confronta con la matrice e se corrispondono gli dà il denaro pattuito.

Di solito Muammer Küçük consegna i soldi ai suoi uomini di mano sua, una volta ritirati dal gioielliere di turno. Se poi però non c'è fiducia, può succedere che il factotum che ha trovato il capitano (o i capitani) chieda di fare emettere un biglietto a suo nome. Così il gioielliere scriverà «25.000» e il nominativo di quella persona che, a lavoro ultimato, andrà direttamente a riscuotere dal cassiere.

I biglietti sono un modo per conoscere tutti quelli che devono prendere soldi. Per avere il controllo dei pagamenti. E poi perché serve un garante. Uno di fiducia, che vada oltre la diffidenza degli uni nei confronti degli altri. Solo quando i clandestini arrivano a destinazione lui sblocca i soldi.

Poniamo l'esempio che un factotum sulla costa trovi due capitani. Si fa rilasciare dal gioielliere il biglietto da 25.000 dollari: la cifra che gli hanno promesso. La responsabilità di quei soldi a quel punto è del factotum stesso. Lui risponde di quanto succede. Pertanto, a fine lavoro sarà lui ad andare dalla persona che detiene la cassa a Istanbul, quello che lavora all'ufficio cambi o dal gioielliere. Se il capitano ha problemi con la giustizia ma ha comunque portato a termine il suo viaggio, sa che il factotum ha i suoi soldi. Lo skipper a quel punto potrà chiedergli di portarli a un familiare per pagargli un avvocato decente. Una situazione che si verifica con una certa frequenza.

Il sistema hawala

Quello offerto da questi «cassieri» è un servizio bancario informale per il trasferimento del denaro. E assomiglia molto a un altro geniale sistema usato per muovere milioni di euro nel mondo. Il sistema *hawala*, molto in uso fra i trafficanti di clandestini in Medio Oriente.

Che cos'è questo *hawala*? È uno dei più raffinati, efficaci e, allo stesso tempo, semplici modi per gestire i flussi di cassa nel business del traffico di uomini. Ed è uno dei motivi per cui il denaro degli *smuggler* sembra sempre svanire nel nulla, ragione per la quale è raro che gli inquirenti riescano a intercettare i transiti di valuta. È un metodo che non si avvale di bonifici bancari e di assegni. È nato tra i mercanti nel mondo arabo mediorientale e asiatico: Emirati Arabi Uniti, Afghanistan, Pakistan. Non ha procedure che lascino traccia: ricevute, iban, matrici di assegni, colloqui con funzionari di banca, niente di tutto questo. Il sistema si è diffuso rapidamente anche fuori dal mondo dei mercanti. È perfettamente legale. Si fonda su una rete di dealer, gli *hawaladar*, e sulla fiducia. Il denaro si muove tra due dealer, ma mai fisicamente. È la parola che si muove, è la fiducia che viaggia tra una persona e un'altra. Per mezzo di un foglietto. Per mezzo di una cruda sequenza di numeri, che riassume il legame fiduciario (e a volte malavitoso) tra i nodi della rete.

Come? Un afgano che vive a Roma vuole mandare dei soldi a Kandahar. Basta che si rechi dall'*hawaladar* presente nella capitale, al quale darà il contante che vuole trasferire pagando una percentuale per il servizio. Il dealer, detto anche «nodo», romano ha un corrispondente a Kandahar. Lo contatta via fax o via email. In Afghanistan il denaro viene riscosso presso l'*hawaladar* da una persona di riferimento del mittente. Ovviamente si adottano accorgimenti per identificare in modo certo e univoco chi ritira i soldi. Saranno poi gli stessi *hawaladar* a regolare tra di loro i vari rapporti di dare e di avere. Così, per proseguire nell'esempio, il nodo di Kandahar, che nella città afgana sborsa i soldi per conto di quello di Roma, rimane titolare di un credito che può esigere in ogni momento: quando gli servirà potrà a sua volta chiedere al dealer romano di elargire una somma simile, in contanti. Quasi sempre, poi, i nodi della rete fanno affari di altro tipo tra di loro. Poniamo caso che quello di Kandahar realizzi e invii gioielli a quello di Roma per un valore di 10.000 dollari. Sarà quest'ultimo a liquidare la somma a chi di dovere, saldando così il suo debito precedente. In altre parole, gli *hawaladar* compensano i loro crediti e i loro debiti anche in connessione alla loro attività di mercanti, senza mai trasferire i contanti.

I vantaggi sono evidenti: poca visibilità, rapidità, nessuna burocrazia, costi contenuti, capacità di arrivare anche dove non ci sono banche. Un sistema che ha permesso e permette di mandare risorse, specialmente rimesse di immigrati, in aree del mondo non coperte dai circuiti bancari. Che spesso, quindi, non ha nulla a che fare con la criminalità. È fuori discussione però che le sue caratteristiche lo rendano particolarmente appetibile per chi vuole movimentare capitali sporchi senza lasciare tracce.

Per gestire un *hawala* bisogna godere della fiducia e avere disponibilità di liquidi. È impensabile farlo senza entrambi gli aspetti. Gli *hawaladar* muovono veri e propri fiumi di denaro. Nella primavera del 2008 la Digos di Frosinone s'imbatte nel gestore di un phone center a Roma, Musharaf. Nel corso delle indagini emerge che si tratta del referente italiano di un'organizzazione di trafficanti che lavora proprio con la formula dell'*hawala*. Il costo del viaggio dall'Afghanistan a un paese dell'Unione europea andava mediamente da 6000 a 10.000 euro. Venivano pagate le singole tratte e il loro prezzo variava a seconda del servizio: chi partiva da Atene con l'aereo e i passaporti falsi per arrivare a Roma o a Milano pagava intorno ai 3000 euro. Chi invece veniva caricato sul camion ne spendeva 1000.

Operazione «Cestia»

Perché la Digos è finita a investigare su un caso di *smuggling*? Di solito si occupano di antiterrorismo. Smettiamo di interrogarci fra di noi e saltiamo sul primo treno per Frosinone. Lì conosceremo un modello di business chiuso e legato a un solo fattore: quello etnico. Perché anche l'elemento etnico è una chiave di lettura essenziale per capire come funziona il sistema del traffico illegale di uomini.

Nella piccola città laziale, in una mattina del luglio 2012, incontriamo Antonella Chiapparelli, dirigente della Digos locale, e il vicedirigente Paolo Patrizi, che ci svelano la storia di Musharaf. Qualche settimana dopo ne parliamo anche con Francesco Polino, sostituto procuratore della Direzione distrettuale antimafia della Procura di Roma, che ha seguito l'indagine. Musharaf, incensurato e che godeva di asilo politico, gestisce un phone center a Roma, in zona Ostiense, vicino alla Piramide Cestia. Alla Digos vanno a caccia di terroristi e trafficanti di eroina e sono specializzati nelle investigazioni di gruppi criminali etnici. Ci sanno fare.

Nel luglio del 2006, la polizia stradale aveva fermato una Golf nera per un controllo occasionale. Siamo al chilometro 606 dell'autostrada A1, corsia nord, nel comune di Anagni, in provincia di Frosinone. A bordo dell'auto, due uomini di origine africana. Sui sedili posteriori, in una borsa da viaggio, i poliziotti trovano 800.000 euro, tutti in contanti. Le indagini della Digos partono immediatamente e proseguono fino all'ottobre del 2008, sotto la guida della Direzione distrettuale antimafia di Napoli. L'operazione «Suleiman», dal nome di uno degli uomini a bordo della Golf, che si rivelerà essere uno dei capi, si concentra su un'organizzazione ghanese, una nigeriana e una cellula di un grande gruppo criminale pachistano, dedita al traffico internazionale di eroina da Pakistan e Afghanistan verso l'Italia. Ad aprile del 2008, gli investigatori aprono un nuovo fascicolo di indagine che parte proprio dall'operazione «Suleiman», ma che prende il nome di «Scutum» e ha come bersaglio proprio l'organizzazione criminale pachistana. Le indagini sono affidate al dirigente Chiapparelli. A stretto contatto lavorano il vicedirigente Patrizi, due agenti che si occupano di intercettazioni e di pedinamenti e due interpreti di lingua pashtu. In diverse telefonate intercettate dalla Digos, il capo del gruppo pachistano si rapporta con un tale Musharaf, un afgano, di cui ha bisogno per far arrivare del denaro in Pakistan. Non capita mai che i pachistani e gli afgani facciano affari insieme. I primi sono molto chiusi e ritengono gli altri un'etnia inferiore. È un rapporto anomalo, che desta sospetti. Secondo Chiapparelli e Patrizi, Musharaf deve essere uno che conta.

Gli uomini della Digos scopriranno un grosso flusso di denaro tra i pachistani e gli afgani. Grosso e sospetto, che va monitorato. Così, insieme all'operazione «Scutum», ne parte immediatamente un'altra. È una delle più grandi investigazioni italiane sull'agevolazione organizzata delle migrazioni clandestine. Sul traffico di esseri umani. È l'operazione «Cestia». Musharaf è l'attore principale, il perno su cui ruota il grande affare.

È nato nel 1978. Entrato in Italia per la prima volta nel 2006, è titolare di un permesso di soggiorno rilasciato per motivi umanitari. Ha contatti con i pachistani perché è un *hawaladar*: il suo phone center è il nodo di una rete *hawala*. Da lì qualsiasi somma di denaro senza tracciabilità può arrivare in tutti i luoghi del mondo dove ci sono altri nodi *hawala*. Ecco perché i pachistani si servono di lui: spostano i proventi della vendita dell'eroina in Pakistan e li riciclano. Il phone center di Musharaf, insieme con altri phone center e internet point, sempre in zona Ostiense a Roma, è al centro di operazioni valutarie illecite tra Italia e Afghanistan, Pakistan, Iran, Grecia, Francia, Danimarca, Regno Unito e altri Stati europei. Non solo. È soprattutto un luogo in cui vengono raccolti e smistati centinaia e centinaia di migranti irregolari afgani in attesa dei successivi trasferimenti verso il Centro e il Nord dell'Europa, con destinazione finale Norvegia e Regno Unito.

Musharaf e alcuni suoi sodali sono i capi in Italia. Ma la loro è solo una cellula di una grande organizzazione criminale, una gigantesca rete etnica, che parte dall'Afghanistan e arriva nei paesi del Nord Europa, con un esercito di persone gravitanti nella sua orbita. Le cellule sono tutte dislocate lungo la rotta del traffico dei clandestini afgani. Ogni cellula gestisce una fase e poi consegna il clandestino alla cellula successiva. Solo in Italia i capi sono sei e ai loro ordini hanno una quarantina di uomini con varie funzioni esecutive: gregari con compiti di supporto alle attività. Le cellule negli altri paesi hanno uno schema simile e sono organizzate con flessibilità secondo i bisogni, anche utilizzando servizi di altri gruppi criminali. Una grande rete etnica, composta da singoli gruppi: rapidi nel muoversi, flessibili nel lavoro, invisibili agli occhi degli investigatori. Perlomeno a quelli non abituati a indagare su fenomeni criminali complessi. I conti del business sono da capogiro: grazie alle sue abilità Musharaf ogni mese faceva entrare illegalmente tra le duecento e le trecento persone, intorno ai tremila migranti l'anno, con un fatturato che si aggirava da un minimo di 18 milioni di euro fino a 30 milioni.

Un affare da miliardi di dollari

Le Nazioni unite, in un loro recente rapporto, stimano che il guadagno annuale degli *smuggler* che portano migranti dall'Africa all'Europa è di 150 milioni di dollari. Nello stesso rapporto si afferma che i trafficanti che trasportano clandestini negli Stati Uniti guadagnano ogni anno sei miliardi di dollari. Gli Usa e l'Europa sono sicuramente i due mercati più redditizi. In un rapporto dell'Organizzazione internazionale per le migrazioni, invece, stilato nel 2011, si riporta che i proventi di questa attività si aggirano fra i tre e i dieci miliardi di dollari l'anno. Altre fonti parlano di un mercato dal valore annuo totale di venti miliardi di dollari americani.

Insomma, per quanto le stime siano sempre da prendere con cautela e presentino delle discrepanze tra loro, stiamo parlando comunque di una montagna di denaro. Quello stesso fiume di quattrini che c'è dietro ogni barcone che sbarca a Lampedusa, Agrigento o Crotone; dietro ogni camion che approda a Bari dalla Grecia; dietro ogni gruppo di finti turisti che sbarca a Malpensa. Parliamo del secondo business più redditizio al mondo dopo la droga, tant'è che spesso le rotte e a volte gli operatori sono gli stessi: se il business della cocaina non funziona, si può sostituire con quello degli esseri umani. Alla peggio, con le armi. Ma con una sostanziale differenza: se un camion di migranti si perde nel deserto e i clienti hanno già pagato la tratta, chi se ne frega; se un barcone con quarantacinque clienti che hanno già pagato il «biglietto» affonda, chi se ne frega; se un afgano viene sorpreso su un camper greco tra Patrasso e Bari, in fondo, chi se ne frega, ma se perdo una partita di cocaina tra Bissau e Dakar, sono problemi seri. La gente, le persone, i migranti valgono meno della polvere bianca. Perché di gente, persone, migranti, clienti che vogliono andare in Europa è pieno il mondo: l'offerta di questa preziosa merce è inesauribile.

Ma qual è il tariffario della più grande agenzia di viaggi illegale del mondo? Il sito Havocscope.com raccoglie dati da casi giudiziari, articoli di giornali, agenzie di stampa e altre fonti in tutto il mondo. Li abbiamo arricchiti con quelli dell'Ufficio delle Nazioni unite contro la droga e il crimine (Unodc) e dell'Organizzazione internazionale per le migrazioni (Iom) e con le nostre ricerche sul campo. Queste cifre vanno prese con le pinze, perché le tariffe cambiano spesso, a seconda dei mutamenti delle rotte di immigrazione, delle azioni delle polizie di frontiera, della legislazione più o meno stringente sullo *smuggling*, del numero di frontiere da superare.

Ecco le richieste dei trafficanti, espresse in dollari statunitensi:

- Afghanistan-Regno Unito (Londra): 25.000
- Afghanistan-Iran: 700
- Africa subsahariana-Nordafrica: 2500 circa

- Asia-Europa: 3000-10.000
- Asia-Usa: 25.000 circa
- Bangladesh-Brasile: 10.000
- Brasile-Usa: 13.000-17.000
- Cina-Usa: 40.000-70.000
- Cina-Regno Unito: 41.800
- Cina-Italia: 15.000
- Corea del Nord-Corea del Sud: 6000
- Cuba-Usa: 10.000
- Guatemala-Usa: 7000
- Iraq-Regno Unito: 10.500
- Iraq-Germania: 7000-14.000
- Messico-Usa: 1000-4000
- Nordafrica (coste)-Italia (Lampedusa, Sicilia, Calabria): estremamente variabile dai 1500 ai 3000
- Pakistan-Usa: 22.000
- Somalia-Usa: 10.000
- Sudamerica-Usa: 8500
- Turchia-Italia : 2500-5000
- Vietnam-Europa: 28.500

Moltiplicate questi numeri. Moltiplicate per decine e decine di migliaia di disperati o, a volte, semplicemente persone che vogliono cambiare paese in cerca di opportunità che si servono di trafficanti ogni anno. Grandi e piccoli trafficanti. Piccole e grandi cifre. In tutto il mondo. Un flusso continuo di denaro. Tanto denaro. Drenato spesso da economie già in miseria. Tanti rivoli, che prendono direzioni diverse. A volte formano un fiume, altre volte restano rivoli. Denaro difficile da individuare. Ma pericoloso perché inquina il mercato sano di paesi sviluppati e in via di sviluppo. Perché viene usato per finanziare nuove attività di *smuggling*, oppure altre attività criminali.

Regole di riciclaggio

Come tutti i business illegali che fanno girare tanti soldi, anche lo *smuggling* poggia su importanti attività di riciclaggio. La regola di base è che l'economia del trafficante di uomini è ancora principalmente affidata al contante. Secondo il Gruppo di azione finanziaria internazionale (l'organismo intergovernativo, sorto nel 1989 in occasione del G7 di Parigi, il cui scopo è la promozione di politiche per il contrasto del riciclaggio di denaro di origine illecita) nella loro *cash economy*, rudimentale ma efficace, i trafficanti si differenziano in tre categorie, a seconda del modo in cui reinvestono i loro proventi: c'è il *trafficante formica*, che rimette il denaro nel proprio paese di origine (o di destinazione) per investire in business legali. Così diventa proprietario di ristoranti e bar, di immobili che, se preferisce, può affittare. C'è poi il *trafficante cicala* con il suo motto «l'importante è vivere bene». La criminalità paga, se corri il rischio e presto potrai finire in carcere, allora goditi la vita. Il denaro viene usato, nel paese di origine e di destinazione, per finanziare uno stile di vita stravagante, lussuoso, pieno di eccessi e di sperperi. Alla fine però si rischia di dare nell'occhio. Esiste anche il *trafficante opportunista*, che si serve dei soldi ricavati dal traffico di clandestini per investire in altre attività criminali nel proprio paese o in quello di destinazione.

Considerando il livello altissimo di transazioni in contanti, i trafficanti fanno un utilizzo massiccio di aziende di trasferimento del denaro, di corrieri, di sistemi bancari informali, di attività economiche fondate sulla liquidità (come la vendita di telefonia cellulare) o basate sulla conversione di contanti (come ad esempio i casinò). Ed è proprio perché gira così tanto denaro liquido che i sistemi antiriciclaggio intercettano raramente i trafficanti di uomini e le loro fortune. L'uso di contanti può apparire arcaico, ma è uno dei punti di forza dei trafficanti. Ogni tanto capita che qualcosa vada storto e che si riesca a risalire dai soldi allo *smuggler*, come nel caso della «Madama dei visti», una cittadina di un paese dell'Africa occidentale, da anni residente in Senegal e sposata con un diplomatico francese in servizio nell'ambasciata del suo paese a Dakar. Oggi la «Madama» è in carcere e sconta una condanna a tre anni per riciclaggio di denaro.

Immaginatevela al telefono che parla con il marito all'altro capo della cornetta. Lei è a casa sua, una bella residenza arredata all'europea. Ancora più belle sono le due lussuosissime ville che la coppia ha acquistato e affittato, reinvestendo così i propri proventi in altre attività economiche. Alcuni anni prima la signora aveva aperto in una banca locale due conti correnti, uno a suo nome e un libretto di risparmio a nome di suo figlio, allora poco più che neonato. Per un certo periodo su questi conti non accade nulla di strano. Nella stessa banca ne viene aperto anche un terzo, sempre dalla donna ma a nome del marito, che firma un mandato a rappresentarlo. Da quel momento in poi, sui conti comincia ad accadere qualcosa di strano. Improvvisamente sono oggetto di transazioni che attirano l'attenzione degli operatori di banca. Vengono alimentati tutti e tre esclusivamente in contanti. I depositi eseguiti dalla donna hanno una frequenza quasi giornaliera. E soprattutto non sembrano commisurati al reddito della coppia, dove lei figura come disoccupata.

I funzionari di banca segnalano come sospette le operazioni all'unità centrale antiriciclaggio senegalese. Cominciano le investigazioni e si scopre che marito e moglie sono al centro di un vasto traffico di visti irregolari. La donna si occupa del reclutamento di cittadini dall'Africa occidentale e dal Senegal. Ogni cliente paga mediamente 5-6000 euro per entrare in possesso dei falsi documenti di viaggio. A volte l'esborso supera i 10.000. Il diplomatico giustificava i visti come emessi per attività di formazione in Europa. La coppia, in tre anni, aveva guadagnato oltre due milioni di euro. L'attività investigativa arriva a dimostrare che i proventi sono serviti per acquistare le due case lussuose nei quartieri residenziali della capitale senegalese. Le case vengono confiscate insieme al denaro ancora sui conti correnti. Ma storie simili, in questo business, ne accadono poche, quasi si contano sulle dita di una mano. I soldi, che come abbiamo visto sono tanti, purtroppo si trovano e si recuperano raramente. E proprio i soldi, nel traffico di clandestini, sono tutto: l'inizio e la fine. L'alfa e l'omega. E che questi siano il motore lo sa il primo degli organizzatori come l'ultimo degli scafisti.

Josip Lončarić, l'inarrestabile

Il nemico giurato

«Pronto, ciao, come stai?»

«Bene, da quanto tempo non ci si sente... tu piuttosto come stai?»

«Dipende da come va quest'anno. Come te la passi con il lavoro?»

«Al solito. Ho il night club in Italia. Ho un po' di ragazze dentro, ma non va benissimo. Quando ti mettono fuori?»

«Forse tra qualche anno. O tra quindici. Non lo so con esattezza. Spero vada bene.»

«Ma sì, se hai un buon avvocato, è tutto quello che ti serve.»

«Sì, è vero, adesso devo solo aspettare.»

«Senti una cosa. Sai che cosa mi interessa? Conosci Frezza?» [Federico Frezza, pm alla Procura di Trieste, *nda.*]

«Chi, il procuratore?»

«Sì, proprio lui. Io sono qui insieme a Lončarić.»

«Sì, ho capito cosa ti interessa, o almeno credo...»

«Sì, sono con Lončarić. Josip Lončarić. È dentro con me. Sai cosa mi interessa? Cosa scrivono i giornali, mi interessa...»

«Questo ti interessa? Cosa scrivono i giornali?»

«Sì, questo.»

«Adesso non scrivono niente. All'epoca scrivevano che è stato arrestato. Ora per loro è morto.»
«Sì?»
«Quando l'hanno arrestato dicevano che lui lavorava in grande. Erano tutti contro di lui. Scrivevano che è il numero uno nel suo campo e che Frezza ce l'aveva con lui, che era suo nemico giurato. Adesso tutto tace. Ma lui è lì con te?»
«Sì, è qui accanto a me. Dorme con me nella stessa cella, solo che probabilmente esce già domani.»
«Domani?»
«Al massimo tra una settimana.»
«Lo rilasciano?»
«Sì, sì.»
«Davvero? Ma lui non ha fatto il processo?»
«Sì, il processo è in corso [in Slovenia, *nda*]. Solo che è andato nell'acqua. Ha avuto già un paio di rinvii. Il suo avvocato li ha messi al tappeto.»
«Era dentro da quanto? Da un anno?»
«Sì, un anno.»
«Allora sì... i giornali ne parlavano e ora non scrivono più niente.»
«Ok.»
«Sai, volevo dirti... Se c'è qualcosa... intendo, questo lavoro... sai, vero, che io lo farei?»
«Certo, non preoccuparti. Anzi. Ricordi quello che hai visto quella volta a casa mia? Ricordi quel "pezzo"? Quello puoi averlo, se ti può servire.»
«Bene.»
«Se vuoi puoi parlare con Igor. Con lui ci sentiamo spesso. E poi io darò a lui l'indirizzo del magazzino. Così ci puoi andare.»
«Va bene.»
«Siamo d'accordo, allora.»

«Mi chiamerai ancora?»
«Certo che lo farò. Stammi bene.»
«Stammi bene tu e cerca di venire fuori prima possibile.»
«Sì, lo spero.»[1]

Questa telefonata parte da una cella del carcere di Lubiana, Slovenia, alle ore 21.23 del 2 dicembre 2001. Viene intercettata dalla magistratura di Trieste, che tiene sotto controllo il cellulare del destinatario. Dura circa cinque minuti. Il dispositivo mobile da cui arriva la chiamata, probabilmente introdotto nei locali dell'istituto da una guardia connivente, è nelle mani di Zvonimir Vojska, in carcere per omicidio. Già alcuni anni prima, Vojska aveva messo in allarme la polizia di mezza Europa: durante una sua conversazione intercettata parlava di prelievi di organi da effettuare sugli immigrati clandestini.

La sera del 2 dicembre, all'altro capo della cornetta c'è Marino Paoletti, gestore di uno dei locali notturni più noti di Trieste, il Mexico. Nella nostra storia, è un personaggio il cui ritratto è colmo di chiaroscuri, ma con più zone d'ombra che di luce. Sostiene di avere rapporti con i servizi segreti. Ha precedenti penali. Ha contatti con la malavita slovena. Sarà arrestato anni dopo a Trieste, nel 2011, per un traffico di armi dalla Slovenia verso l'Italia. Armi da guerra destinate alla criminalità nostrana.

Accanto a Zvonimir Vojska, nella stessa cella del carcere di Lubiana, c'è Lončarić. Proprio lui. Dopo un'intensa collaborazione tra polizia e magistratura di tre paesi (Italia, Croazia e Slovenia), il re dei trafficanti è stato scovato e arrestato nella capitale slovena. Ora è in attesa di giudizio.

---

[1] Carabinieri Regione Friuli-Venezia Giulia, Compagnia di Trieste – Via Hermet, *Verbale di trascrizione di conversazioni telefoniche*, 7 dicembre 2001, n. 487/328.

La telefonata che vi abbiamo riportato è un po' criptica. È in puro linguaggio criminale. Va interpretata, tradotta: chi chiama sta commissionando l'omicidio del pubblico ministero triestino. Federico Frezza conosce bene i sentimenti che Lončarić nutre verso di lui. Ha respirato l'odio sordo del croato, quando alcuni mesi prima lo ha incontrato per la prima volta, proprio nel carcere di Lubiana. In quell'occasione Lončarić non rispose alle domande che gli vennero poste, si chiuse in un gelido silenzio, quasi di sfida. Frezza è il nemico giurato del più grande trafficante di uomini d'Europa: Lončarić vuole la sua testa.

Alcune settimane dopo, Paoletti, interrogato sull'episodio proprio da Frezza, riferisce al magistrato di come, ricevuta quella telefonata, avesse pensato di andare subito ad avvertirlo. Non era, ovviamente, sua intenzione attentare alla vita del pubblico ministero. Quanto all'allusione al «pezzo» di cui avrebbe avuto bisogno, dichiara che potrebbe trattarsi di un fucile d'assalto. Il luogo dove occultarlo è un magazzino, o meglio una casa diroccata, a Divača, in cui lui era già stato alcuni anni prima. In quell'occasione aveva visto alcuni chilogrammi di tritolo e un kalashnikov, un AK-47 per l'esattezza, che quel giorno era stato usato da Vojska nei boschi, in sua presenza. Ricorda bene quella casa. Saprebbe ritornarci. Si trova a un chilometro da un ristorante.[2]

Il pubblico ministero antimafia viene messo sotto scorta e ci resterà per quasi un anno, spesso sarà costretto a indossare un giubbotto antiproiettile. Poco dopo la conversazione telefonica del dicembre 2001, Lončarić esce di prigione. I giudici sloveni non concedono l'estradizione in Italia per

---

[2] Procura della Repubblica presso il Tribunale di Trieste, *Verbale di interrogatorio di persona sottoposta a indagini*, 11 febbraio 2002, n. 5193/01 N.R.

l'esecuzione delle sentenze di condanna già emesse nei suoi confronti dal Tribunale di Trieste. L'estradizione non viene accordata neppure verso l'Austria e l'Ungheria, altri Stati in cui pendono ulteriori mandati di cattura emessi contro il croato. I magistrati sloveni ritengono inoltre che gli episodi contestati nel loro paese, dove era ancora in corso un processo che si concluderà a breve, non siano tanto gravi da consentire una carcerazione preventiva più lunga. Il trafficante ha un ottimo avvocato. Se lo può permettere. Esce mentre è in attesa di giudizio. La sentenza slovena arriverà a fine 2003, con una condanna a soli ventitré mesi. Intanto Lončarić è già tornato in Croazia, altro paese che non concede l'estradizione per i fatti per cui è condannato in Italia.

Il trafficante numero uno

Josip Lončarić è il numero uno. Grazie a lui per molti anni hanno scavalcato le frontiere il 90 per cento dei cinesi arrivati illegalmente in Italia, il 50 per cento dei clandestini dal Bangladesh, il 30 per cento dei filippini e una quota rilevante di migranti illegali di altre etnie. Si calcola che l'organizzazione facesse raggiungere l'Italia a trentacinquemila clandestini ogni anno, guadagnando 135 miliardi delle vecchie lire. Per tutti gli anni Novanta Josip Lončarić non ha avuto rivali. Ma come ha funzionato il suo business? Ce lo fa capire la testimonianza diretta di un «cliente» cinese.

«Siccome ho dei parenti e degli amici che già da tempo vivono in Italia ho pensato di venire anch'io nel vostro paese in cerca di un lavoro. Così mi sono rivolto a un mio connazionale [...]. Secondo gli accordi presi con l'organizzatore, avrei dovuto pagare la somma di 5000 yuan [circa 600 euro, *nda*] in Cina per ottenere il passaporto, il restante doveva essergli corrisposto dai miei genitori una volta giunto io in Italia, da dove gli uomini dell'organizzazione li avrebbero contattati telefonicamente. Ulteriore conferma, affinché fosse saldato il debito per il mio viaggio clandestino, l'avrei data io personalmente ai miei genitori una volta giunto a destinazione, alla presenza delle persone dell'organizzazione. Una volta pronto il mio passaporto (che è stato fatto dagli uomini dell'organizzazione ai quali ho preventivamente consegnato due mie fotografie) e organizzato il mio viaggio (acquisto biglietto aereo e prenotazione volo Pechino-Belgrado) mi hanno fatto alloggiare, per circa un mese, nell'albergo Pao Sheng di Pechino in attesa che fossero espletate tutte le pratiche relative alla mia partenza per l'Italia, in particolare l'ottenimento del visto d'ingresso per la Iugoslavia. Per i miei bisogni l'organizzazione mi dava 50 yuan al giorno».[3]

Arriva il momento giusto, il viaggio del nostro testimone ha inizio, grazie a un collaboratore cinese di Lončarić: «Due giorni prima della partenza, Chung si è presentato in albergo, dicendomi che il 22 ottobre 1999 sarei partito dall'aeroporto di Pechino, diretto in Iugoslavia. In quell'occasione mi ha consegnato il mio passaporto e il biglietto aereo. Il giorno della partenza, all'aeroporto ho incontrato altri quattro miei corregionali anch'essi diretti in Iugoslavia. A Belgrado ci attendevano tre uomini cinesi, uno dei quali ci ha fatto salire su un'auto, e trasportato in un appartamento in città. Il nostro autista ci ha rinchiuso a chiave nell'abitazione lasciandoci solamente un po' di pane e dell'acqua. Ricordo che sia le finestre che le imposte erano chiuse e che l'autista ci disse di non aprirle e di stare zitti altrimenti ci avrebbe picchiati. In quell'appartamento noi

---

[3] Direzione distrettuale antimafia di Trieste, *Richiesta per l'applicazione di custodia cautelare in carcere*, n. 1999/99 N.R., pp. 46-47.

cinque siamo rimasti per circa dodici giorni, durante i quali giungevano continuamente altre persone. Dopo sono stato separato dai miei compagni di viaggio e sono stato portato da uno straniero, credo iugoslavo, insieme ad altri sette o otto miei connazionali, in un altro appartamento. Ci sono rimasto per altri quattro, cinque giorni. Neanche da quella abitazione potevamo uscire. Quindi ci hanno spostato in un terzo appartamento, eravamo una decina, fra cui delle persone non cinesi. Lì, sempre rinchiusi e sfamati con pane e acqua, siamo rimasti per due, tre giorni. Da questo posto, con una decina di cinesi, siamo stati trasportati con delle auto nei pressi di una zona montuosa, da dove una persona, probabilmente iugoslava, ci ha condotto a piedi in un luogo di cui non conosco il nome. Abbiamo camminato per circa cinque ore, quindi abbiamo attraversato un fiume con un'imbarcazione, dopodiché abbiamo camminato per un'altra ora e mezza, finché sono venuti a prenderci degli stranieri con quattro macchine, portandoci in una casa di campagna, dove siamo rimasti per alcuni giorni. Eravamo sempre rinchiusi e mangiavamo pane e riso. Da lì siamo stati portati nuovamente, sempre con delle auto, nei pressi di un'altra zona montuosa, dove una guida straniera ci ha fatto camminare per diverse ore in mezzo alla neve. Il tutto si è ripetuto (chiaramente cambiavano le persone che ci trasportavano o alloggiavano) per quattro volte, fino a quando, con le stesse modalità, siamo entrati in Italia».[4]

Ma il viaggio non è ancora terminato. «Una volta arrivati, tutti e otto, tre maschi e cinque donne, siamo stati portati nel seminterrato che ho riconosciuto nelle fotografie che mi sono state mostrate dagli agenti della polizia di Milano. Gli stessi quattro cinesi che ci hanno preso in

---

[4] *Ivi*, pp. 47-48.

consegna nell'area di servizio autostradale ci custodivano nei locali di Bologna: la stanza aveva una sola uscita, che era chiusa a chiave e, inoltre, all'interno rimaneva sempre, anche quando dormivamo, uno dei sequestratori. Il cibo ci veniva portato nel seminterrato; per i bisogni fisiologici ci si serviva di un bagno situato subito fuori dalla stanza. Aveva una finestra molto piccola, tale da non consentire la fuga. Inoltre, quando andavamo in bagno – uno alla volta – la porta per uscire dal seminterrato era sempre chiusa, per cui non era possibile fuggire. Non abbiamo pensato di fuggire usando la forza perché i sequestratori ci avevano detto di essere armati [...]. Una volta accadde che uno di noi venne schiaffeggiato duramente solo perché aveva parlato ad alta voce [...]. Ricordo che appena siamo arrivati nel seminterrato ci hanno detto che eravamo stati venduti dagli europei e comprati da chi ci aveva trasportato fin lì, e ci hanno dato un cellulare per farci telefonare alle nostre famiglie in Cina, affinché pagassero l'importo restante [...]. Facevano pressione su di noi dicendo che se i familiari non avessero pagato rapidamente, ci avrebbero venduti ad altri, e le donne sarebbero state fatte prostituire. In attesa che i miei genitori si procurassero e inviassero la valuta in Italia, sono rimasto rinchiuso per una settimana in quei locali di Bologna. Sono stato rilasciato alla stazione ferroviaria».[5]

Le indagini e le condanne

Federico Frezza, ancora oggi pubblico ministero della Procura di Trieste, è stato membro della Direzione distrettuale antimafia locale tra la fine degli anni Novanta e i primi

---

[5] *Ivi*, pp. 48-49.

Duemila. Proprio in quel periodo ha dato la caccia al contrabbandiere di uomini più celebre al mondo. Frezza ci racconta che il nome di Lončarić era comparso già nei primi anni Novanta nel corso di un'indagine della Procura di Foggia. Un procedimento per omicidio e favoreggiamento dell'immigrazione clandestina. Le indagini partono dopo l'ennesima tragedia dei mari: nel corso di una traversata alcuni migranti avevano perso la vita. Gli scafisti arrestati faranno il nome di un certo «Josip Lončarić». Sostengono sia la persona che ha pagato il nolo del motoscafo utilizzato per il viaggio. È un croato. Ma un croato che organizza viaggi tra l'Albania e la Puglia sembra ai magistrati un espediente per depistare. Sicuramente sarà un nome di fantasia. Se fossero andati più a fondo avrebbero scoperto che c'era proprio il nostro Lončarić dietro quella tragedia. Il business su quella rotta era suo. Era ancora agli inizi, e forse la sua carriera sarebbe stata stroncata sul nascere. Ma così non è stato. Lončarić ha continuato indisturbato a badare ai propri affari. «Che contro di lui non sia stata promossa alcuna azione penale costituisce un chiaro segno di disattenzione nei confronti del fenomeno immigrazione e di difficoltà a risalire la catena criminale dai *passeurs* (scafisti, in questo caso) agli organizzatori» dichiara Federico Frezza. Tutto questo perché all'epoca i pubblici ministeri non investigavano sull'immigrazione clandestina organizzata come fenomeno mafioso. Dello *smuggling* si conosceva molto poco, era un affare criminale di cui non si occupavano gli inquirenti antimafia. Fu l'intuizione, tra le altre, della Procura di Trieste, proprio durante le indagini in corso sui traffici di Lončarić, a cambiare radicalmente i metodi di investigazione rispetto ai traffici e ai trafficanti di uomini nel nostro paese. Nella sostanza, si trattava di criminalità organizzata, per questo gli strumenti da mettere in campo dovevano essere gli stessi in uso per le organizzazioni mafiose. Solo nel 2009, con la legge 94 del 15 luglio, dal titolo *Disposizioni urgenti in materia di sicurezza*, il sistema penale italiano recepirà questa intuizione: nell'articolo 416, comma 6, del Codice penale, quello sull'associazione per delinquere, viene inserita una nuova disposizione che prevede l'associazione per delinquere finalizzata al favoreggiamento dell'immigrazione clandestina. Questa era già punibile con un reato previsto nel testo unico sull'immigrazione, ma la previsione di una nuova, autonoma fattispecie di associazione per delinquere a tale scopo porta con sé il grande vantaggio che i processi per *smuggling* diventino ora di competenza delle procure distrettuali antimafia. Nel frattempo però molti trafficanti hanno agito quasi indisturbati e sono diventati milionari.

Già una decina di anni prima, aprendo la strada a questa innovazione normativa, Frezza e il suo capo di allora, Nicola Maria Pace, avevano intuito la vera natura di quelle attività di *smuggling*. Usando la loro esperienza di magistrati antimafia in un settore che all'epoca non era considerato da inquirenti con tali competenze, avevano dipanato la rete di Lončarić, facendolo condannare in contumacia in due differenti processi: nel primo a sei anni di reclusione per associazione a delinquere e favoreggiamento dell'immigrazione clandestina, nel secondo a quattordici anni, per gli stessi reati e per sequestro di persona ed estorsione. Pene che non saranno mai scontate dal croato, che per la giustizia italiana sarà sempre un latitante. Il pool triestino non si è voluto fermare agli scafisti, ultimi anelli della catena. Ha provato a salire fino al vertice, pur senza gli strumenti normativi adatti. Ma non è riuscita ad arginare la potenza di mister Lončarić e della sua rete.

Nel 2006, alcuni anni dopo le indagini della Procura di Trieste, sarà addirittura Nicolò Pollari a rivelare che al Sismi, il Servizio per le informazioni e la sicurezza militare, di cui era il direttore, era stato offerto il «rapimento» del superlatitante croato. Una «*extraordinary rendition*», una consegna straordinaria, come dicono gli americani. Il trafficante era troppo pericoloso ed era a piede libero nonostante in Italia fosse stato condannato a circa vent'anni di carcere. Il piano proposto al servizio segreto italiano era quello di catturare il ricercato e trasferirlo dalla Croazia verso un paese limitrofo più disponibile all'estradizione. Trafficanti in fuga e servizi segreti sulle loro tracce: sembra la trama di un film di spionaggio americano, ma è tutto vero. Al piano segreto però non viene dato seguito. La cattura illegale viene rifiutata. Lončarić, come già altre volte, scompare. Nessuno sa più nulla di lui. Semplicemente, evapora.

Lo slavo, come ci racconta Frezza, sparisce dai radar della polizia e della magistratura. Secondo il pm triestino, Lončarić vive ancora in Croazia. Forse addirittura nella sua città natale. Tutti i suoi luogotenenti, dopo il 2000, hanno continuato a farsi arrestare e a finire in cella, soprattutto per traffici di droga; lui no. Rimane fuori dai giri, agisce sottotraccia, defilato, per interposta persona. Non si fa trovare. Insomma, non esiste più.

Una lunga carriera criminale

Per seguire le sue tracce, abbiamo intrapreso un lungo viaggio, partendo proprio dalla pianura di Čakovec, la terra che lo ha visto nascere e muovere i primi passi da trafficante. Abbiamo chiesto alla gente del posto, interrogato poliziotti, magistrati, giornalisti. Niente. Solo vaghi ricordi, notizie vecchie di anni, immagini sfocate e dai colori ingialliti, niente di più. Il tempo e l'oblio hanno giocato a suo favore. Nei primi anni Novanta la pianura di Čakovec era una landa desolata cosparsa di piccoli villaggi principalmente dediti all'agricoltura e all'allevamento. Una zona di confine fra Slovenia e Croazia. La notte, i sentieri tra i boschi e le colline che collegavano le due repubbliche della ex Iugoslavia brulicavano di persone. Garantiva il passaggio chi quei sentieri li conosceva meglio.

In questa terra di frontiera comincia l'ascesa di Josip Lončarić: nato nel piccolo e sonnolento villaggio di Tmovec, a sedici anni era saltato sul cassone di un camion che trasportava patate e cavoli e si era lasciato alle spalle il paese natale. Prima di diventare il più grande trafficante di uomini del XX secolo, Lončarić ha lavorato a lungo tra Croazia, Slovenia, Italia e Ungheria. Fa prima l'autotrasportatore di frutta e verdura. Poi il tassista, di stanza a Lubiana. Queste attività gli danno modo di conoscere i luoghi. La capacità di movimento e la conoscenza del territorio sono requisiti fondamentali per il suo business. Le frontiere per lui non avevano segreti. Un destino scritto. Trafficanti come Lončarić, che hanno iniziato grazie alla loro professione di autotrasportatore, possono attraversare le frontiere più e più volte alla settimana. Riescono a stabilire rapporti di conoscenza stretta con i poliziotti alla dogana, conoscono i loro turni e intuiscono chi è il più «malleabile» o il più «disattento». Quello che dorme in servizio o quello integro e incorruttibile con il quale non c'è proprio nulla da fare.

Lončarić oggi ha quasi sessant'anni, è ormai un mito per le nuove leve del business. Una figura epica che dal nulla ha costruito un impero, guadagnando illecitamente decine e decine di miliardi di vecchie lire, per poi sperperarli in donne e automobili di grossa cilindrata, o investirli in altri affari legali e proprietà immobiliari in Croazia, Slovenia, Austria e Ungheria. Lončarić all'inizio della sua attività illegale muoveva già migliaia di clandestini. Con un giro di affari milionario. Con aerei privati. Con «soci» e collaboratori sparsi ovunque. Persino in Cina. Addirittura una cinese se l'è sposata. Un matrimonio di interesse con Wang Xuemei, detta anche Gloria, come allora si faceva chiamare in Italia, la figlia di un boss della Triade che si occupava di far transitare in Europa centinaia di connazionali ogni anno.

La sua rete era composta da più gruppi criminali. Lui, croato, lavorava con sloveni, italiani, cinesi, filippini, bangladesi, rumeni e albanesi. Ognuno di loro aveva un compito ben preciso. Ma senza il suo apporto l'attività sarebbe collassata, tutto si sarebbe bloccato. Lui era il boss. Sempre molto presente nel business, ne controllava tutte le fasi. Il suo talento? Parlare e collaborare con associazioni a delinquere di varie nazionalità. Il criminale che parla e collabora con tante organizzazioni e fa sì che esse dipendano da lui è un vero leader. È destinato a diventare il numero uno.

Carpe diem

Entrare nel business degli *smuggler*, di chi trasporta uomini e donne attraverso le frontiere illegalmente e a pagamento, può essere facile. L'occasione, o meglio, le occasioni fanno l'uomo trafficante. Specie se l'uomo è motivato e sa sfruttare le situazioni a suo favore. Così, a volte, da padroncino a *smuggler* il passo è breve. E redditizio. Al contrario di tanti altri business illegali, in questa professione si entra per fatti o episodi apparentemente fortuiti, casuali, a volte a prima vista persino insignificanti. Ma ci vogliono le condizioni giuste. Devi essere la persona giusta, nel posto giusto e nel momento giusto. Molto spesso è l'incontro casuale con una guida, un modello di riferimento, che innesca il vero e proprio processo di formazione criminale. Si imparano le tecniche per realizzare i reati, si registrano le motivazioni, si fanno proprie le ambizioni. In criminologia potrebbe essere definita l'«educazione sentimentale criminale». Il trafficante ha bisogno anzitutto di un «maestro». Quello che per molti è stato proprio Josip Lončarić. Poi il successo lo determina la capacità dei singoli di «fare rete», di entrare in connessione con altri trafficanti e con determinati ambienti. Tutto funziona e si realizza come un «effetto domino sociale»: le persone, mentre delinquono, magari su piccoli reati, stabiliscono legami con attività più organizzate. Allettati da un guadagno sicuro, anche i nuovi arrivati crescono, diventano sempre più autonomi e scelgono una loro «via criminale».

Ma come fanno i piccoli trafficanti che lavorano da soli a creare un'associazione a delinquere? Come si passa dal crimine «fai da te» al crimine organizzato? Chi abbandona un posto da gregario e diventa leader di una struttura propria, assumendo ruoli di primo piano, ci riesce perché ha capacità relazionali, oltre che abilità legate al traffico. La rete è il modello dominante. Non lo si sceglie, semplicemente ci si adegua. Adattabilità, velocità di reazione, legame non rigido ma flessibile, che non richiede necessariamente conoscenza diretta tra i membri, sono la cifra di uno schema organizzativo duttile e allo stesso tempo refrattario alle intercettazioni, meno vulnerabile all'azione di polizia e magistratura. I ruoli sono sostituibili con facilità, la rete si può modificare e ristrutturare rapidamente. Quanto più il modello di business è dinamico, mobile, capace di adeguarsi alle nuove sollecitazioni ambientali, tanto più sarà adatto e verrà selezionato dal sistema come vincente.

I primi collaboratori di Lončarić hanno iniziato così, semplicemente con un vecchio camioncino, portando frutta e verdura tra Slovenia e Italia. E passando quel confine, legalmente, più volte alla settimana. Poi, togliendo le patate e mettendoci le persone. Persone che volevano entrare in Europa.

È come una formula matematica: devi avere delle capacità criminali, condizione necessaria ma non sufficiente, conoscenze del luogo dove operi, e allo stesso tempo devi saper sfruttare al massimo la situazione che ti si presenta. Un valico poroso, un confine con delle falle. Essere possessore di un taxi o di un camion. Avere un rapporto privilegiato con un doganiere. Una guerra, una rivoluzione, una crisi umanitaria possono essere tutte opportunità, se debitamente sfruttate. Il trafficante è un uomo la cui principale abilità è quella di saper cogliere le opportunità.

Lončarić lo ha fatto. Ha colto le opportunità che la vita gli ha snocciolato davanti. Una professione, saper trasportare merci. Un luogo desolato, dal quale si può desiderare solo di scappare. Dopo l'ingresso della Croazia nell'Unione europea, queste terre che sono state per anni uno dei luoghi di maggior concentrazione dell'immigrazione clandestina, sono cambiate. Forse sono meno respingenti, ma conservano quella desolazione di fondo.

Da queste parti, chiunque abbia conosciuto o sentito parlare di Lončarić conferma il suo fiuto eccezionale. L'intuizione che lo ha reso unico in questo mestiere è stata quella di costruire una specie di holding per gestire l'intero viaggio del migrante. Come ci spiega Frezza, all'inizio della sua carriera criminale Lončarić si occupa solo di un anello. Poi, grazie al contatto con i cinesi, capisce che può controllare l'intero processo, guadagnando così più soldi e potere. Riesce presto a comandare e a imporre il prezzo che vuole. Quando il suo business comincia a crescere, nomina dei luogotenenti di alto livello che operano a stretto contatto con lui. Due, tre o pochi di più e tra questi c'è sempre la moglie. Tramite loro riesce a essere al centro di una rete più vasta. Connette strutture e capacità criminali diverse. Molte delle persone di questa rete nemmeno lo conoscono. Lui, tramite i suoi luogotenenti, intrattiene rapporti con i capi delle varie organizzazioni con cui collabora. Dalla fine degli anni Novanta non viene mai in contatto fisicamente con i clandestini, con i trafficati. Non si sporca più le mani. Resta defilato, nell'ombra. Smista carichi. E rimane fermo. Telefona raramente.

Tomo Fodor, che per lungo tempo ha gestito l'immigrazione di clandestini bangladesi verso l'Italia, racconta che Lončarić ha cominciato molto presto a gestire la strategica tratta di Kiev, uno dei passaggi obbligati per i migranti che volevano arrivare in Italia. Prendeva lavoro da grandi e piccole organizzazioni (filippini, bangladesi, cinesi, rumeni) e quando serviva subappaltava a gruppi esecutivi minori, in particolare sloveni e italiani. Lui però resta saldo al centro, al timone del business. Tomo è stato più volte nella lussuosa villa di Lončarić a Čakovec, sebbene abbia avuto a che fare più con la moglie Gloria che con lui. Ha incontrato i due durante la loro ascesa criminale. Descrive l'attività della donna, che con il fratello organizzava gli ingressi di clandestini in Italia direttamente dalla Cina. Il cognato di Lončarić reclutava i migranti e si occupava della prima fase del viaggio, quella fino in Europa. Dall'Ucraina in poi i clandestini venivano presi in carico dallo stesso Lončarić, che era il finanziatore dell'intero percorso. Tomo ricorda che allora il braccio destro del croato era tale Billy che per conto del suo capo raccoglieva il denaro, effettuava i pagamenti e in varie occasioni si recava anche in Montenegro e in Albania per combinare dei traffici di clandestini. Già, perché Lončarić a Tirana aveva una importante filiale della sua personale compagnia aerea.[6]

I ferri del mestiere

Mezzi di trasporto, armi, impianti satellitari, telefoni con schede di altri paesi, alloggi sicuri, documenti contraffatti e carte di credito falsificate, liquidità. Sebbene le doti innate e la fortuna di trovarsi nel posto giusto al momento giusto siano indispensabili, per condurre al meglio l'attività di *smuggling* non si può fare a meno di certi strumenti. Sono i ferri del mestiere, il kit di base per aprire un'impresa criminale in questo settore. Non è cosa da poco possedere tante risorse tutte insieme. E allora si decide di cooperare con altri *smuggler*. La rete fluida è il modello vincente.

Barche e gommoni, camion e fuoristrada. Lo abbiamo visto nel nostro viaggio, a seconda della rotta scelta si usano i mezzi più diversi. A volte è facile procurarseli, anche a basso costo. Certamente, chi ha a disposizione già due o tre pescherecci è un uomo che può essere cooptato da una rete di trafficanti. E ragionevolmente sarà uno di quelli che guadagneranno di più dal traffico. Lončarić possedeva diverse società di autonoleggio, disponeva sempre di automezzi e di un motivo per utilizzarli, e aveva un paio di piccole compagnie aeree private in Albania e in Macedonia.

Sebbene i trafficanti di uomini tendenzialmente non siano persone dal grilletto facile, in alcuni casi gestire, controllare e tenere a bada grossi gruppi di migranti può essere pericoloso. Pertanto incontrare *smuggler* che imbracciano un fucile non è raro. L'abbiamo visto con i nostri occhi.

---

[6] *Ivi*, p. 41.

Se vuoi trafficare devi avere anche documenti e una carta di credito falsi: servono per ottenere servizi fondamentali alla tua azienda criminale. Ricordate Musharaf, i suoi soci afgani e la loro tentacolare organizzazione? Come emerge dalla richiesta di ordinanza di custodia cautelare in carcere, per approvvigionarsi di documenti contraffatti si servivano di una rete di falsari napoletani: 500 euro a «pacchetto», comprensivo di carta di identità, passaporto e permesso di soggiorno per stranieri. Non solo: sempre Musharaf e la sua rete si rivolgevano a specialisti della clonazione di carte di credito per riuscire a frodare telematicamente Trenitalia e ottenere gratis i biglietti ferroviari di cui avevano bisogno per la loro attività.

Se sei un trafficante vero devi sapere anche dove far alloggiare i migranti durante il viaggio. Hai bisogno di porti sicuri in cui concentrare i tuoi clienti, dove riscaldarli almeno un po' e dare loro qualcosa da mangiare, prima di proseguire al momento opportuno. Luoghi dove puoi fornire istruzioni ai «clienti», rapportarti con loro faccia a faccia. Alberghi, baracche, case private: tutto può essere utile. Però ci devi pensare prima.

La resa dei conti

Il nostro viaggio a caccia di *smuggler* è iniziato sui sentieri del Carso tra l'Italia e la Slovenia, l'ultimo tratto della rotta balcanica. È proseguito in molti paesi d'Europa, e in quelli che si affacciano sul Mediterraneo, epicentro dei traffici di clandestini. Sulle tracce di Lončarić ne abbiamo incontrati altri, che di lui hanno seguito le orme. Viaggiando per terra e per mare, abbiamo conosciuto, stretto la mano e scrutato dritto negli occhi tanti piccoli e grandi trafficanti: chiusi nella cella di un carcere, liberi nel caos di una metropoli, impegnati nel loro ambiente naturale. Abbiamo osservato facce, abbiamo ascoltato e riascoltato storie e racconti, accuse e autoassoluzioni, abbiamo registrato voci e lunghi silenzi, incontrato clienti, raccolto e ricomposto centinaia di tasselli che delineano i contorni della più grande e strutturata agenzia di viaggi illegali del mondo. Una rete, un sistema, un business globale. Un'azienda illegale complessa, con le sue regole, che eroga servizi che, nel nuovo millennio, caratterizzato da un divario sempre più crescente tra i paesi ricchi e quelli poveri del mondo, sono sempre più richiesti. Man mano che il divario si allarga, mentre nella vecchia Europa si discute senza fine sugli strumenti per arginare il problema e si gioca allo scaricabarile, con paesi come l'Italia lasciati soli a gestire le emergenze, gente come Lončarić, con le qualità criminali giuste, ne approfitta. Si arricchisce, diventa potente, progredisce nella sua carriera criminale. Che però, come tutte le carriere, arriva a un epilogo.

L'epilogo, per Lončarić, non è quello che potremmo sperare o immaginarci, cioè la cattura del cattivo. Il suo business s'interrompe perché è Lončarić a decidere così. Sceglie lui di lasciare il palcoscenico. Di sospendere le attività. Solo i «grandi» comprendono quando è giunto il momento di farsi da parte. Come un artista o un campione di boxe a fine carriera: appende la chitarra o i guantoni al chiodo prima di stonare l'assolo più celebre, prima di finire ko per un destro che in altri tempi avrebbe retto. Lončarić è un pugile furbo, un artista sopraffino. Capisce che è ora di smettere e lascia il palco; lo capisce e non sale un'ultima volta sul ring. Così facendo, non paga nessun dazio o, quantomeno, lo paga in modo irrisorio: che cos'è infatti un anno di galera per tenere saldo lo scettro del suo immenso regno illegale? Lui semplicemente abbandona la vita criminale e non si fa più acciuffare. Nessuno si può opporre al trafficante più celebre d'Europa. Nessuno può osare chiudere in carcere Josip Lončarić. Per questo l'ultimo suo atto, prima di uscire di scena, è una minaccia strisciante, sussurrata proprio dalla galera: «Attento Frezza, giochi col fuoco». Poi, proprio come il fuoco, si estingue e non lascia traccia.

L'altro capo di Lampedusa

Il pescatore di clandestini

Il sole sulle isole Kerkenna in estate tramonta tardi, allunga le ombre morbidamente, accarezza la pelle coriacea dei pescatori per poi lasciare il posto alla brezza più fresca della sera. E quando cala la notte arriva il momento degli affari.

Odore di reti da pesca e scricchiolio di battelli in legno ormeggiati lungo il molo. Un gatto che miagola nell'oscurità, un caffè chiuso che affaccia sul mare, un porticato e le sedie sui tavoli. Il villaggio si chiama El Attaya e si trova sull'estremità a est dell'isola Chergui. Siamo nella zona orientale della Tunisia, di fronte a Sfax. Da qui si vede l'isoletta di Gremdy. Sulle isole Kerkenna ci sono pochissimi poliziotti, finita la rivoluzione ne sono forse rimasti una ventina. Da queste parti le guardie, oltre a non essere le benvenute, non sono nemmeno necessarie; ci sono altre forme di controllo sociale e di ordine pubblico. L'arcipelago ha una sua legge e i suoi sceriffi.

Da Sfax ci si arriva con dei vecchi battelli: ce ne sono dieci al giorno. Molti tunisini qui a Kerkenna hanno la seconda casa e i turisti dunque sono locali, fatta eccezione di qualche inglese e francese. La particolarità qui è la marea, che trasforma le isole e il mare attorno a esse. Lo chiamano «mar Morto»: per sei giorni le acque si ritirano per centinaia e centinaia di metri, in alcune zone chilometri, creando secche che se non le conosci ti fanno arenare come un pivello.

Qui la gente vive perlopiù di pesca, sono rinomati i gamberi, le orate e il pesce di stagione che va a finire anche nei piatti dei migliori ristoranti di Tunisi. Il resto della popolazione è dipendente di Petrofac e British Gas, ci sono infatti installazioni petrolifere al largo dell'arcipelago e anche sulla terraferma.

Poi c'è l'altro business, quello che si attiva con il calar della notte. Chi ce lo racconta, un pomeriggio di giugno del 2013, lo conosce bene: è nel giro da alcuni anni. Fuma una sigaretta dopo l'altra. Il suo vero nome qui a Kerkenna non si può pronunciare ma nemmeno il soprannome, perché anche quello è molto, molto riconoscibile. Lo chiameremo allora Emir.

Ha mani grandi e nodose, così come i piedi. Porta il cinquanta e non riesce a trovare stivali di gomma della sua misura, così indossa i sandali anche d'inverno, quando fa talmente freddo che le mani faticano a stringere il timone. Gli occhi sono neri e profondi, arrossati dal sole e dal vento. La testa con capelli ricci, un po' lunghi e scomposti. Ha le spalle molto larghe, una barba folta e i baffi lunghi. Emir non passa inosservato, parla lentamente e ti fissa dritto negli occhi. È sposato, ha sei figli, è in mare da trentacinque anni e di clandestini in Italia ne ha fatti entrare a frotte.

Il sistema di Emir funziona così: i clienti (giovani tunisini, algerini, qualche ciadiano) sborsano i soldi in anticipo, mentre i collaboratori sono pagati solo quando il capitano dice: «Siamo arrivati a Lampedusa, tutto ok».

Le figure sono di tre tipi. C'è un coordinatore, quello che organizza, mette insieme le persone, olia e fa girare tutto il sistema; un capitano; un aiutante di mare. Seguono poi i collaboratori sul territorio (diciamo gli agenti di vendita) più una serie di freelance, che vengono reclutati al bisogno.

Emir è sia capitano che coordinatore, mentre altri suoi colleghi qui a Kerkenna sono «semplici» capitani. Si accontentano cioè di quello che meglio sanno fare nella vita: condurre barche. Uscire dal porto di El Attaya di notte a luci spente, evitando di insabbiarsi, arrivare al «fiume» numero quattro, una specie di sentiero del mare in mezzo alle secche e poi, dopo dodici miglia esatte, mettere il timone a quarantacinque gradi e puntare al largo. Questo sanno fare, perché lo fanno da quando sono nati: pescano. Perché quei deliziosi gamberetti che si prendono al largo di Kerkenna li pagano bene al porto. Vanno dritti dritti a Djerba o a Tunisi. Questo sanno fare, loro, tenere saldo il timone mentre il motore sbuffa, tossisce e le onde si fanno alte. Questo sanno fare i capitani di Kerkenna, sanno stare in mare e per arrivare a Lampedusa bisogna stare in mare. Le *rivières*, cioè i fiumi, o meglio, i corridoi, devi conoscerle bene se vuoi pescare e se vuoi solcare le onde fino in Italia. Il primo corridoio da imboccare si chiama Ouad Mimum, serve per entrare e uscire dal porto. Se non lo si prende a dovere è facile arenarsi. I migliori *smuggler* i fiumi li conoscono come le proprie tasche, gli improvvisati, no. E lo testimoniano i tanti battelli inclinati sul fianco che si intravedono quando il mare si ritira. Emir li attraversa anche in piena notte, quando non si vede il differente colore del fondale. Questo lavoro è fatto anche d'orecchio, devi saperlo ascoltare il mare. Quando si pesca al buio, i banchi fanno rumore; capisci dove sono e quindi dove si trovano le secche.

Siamo arrivati a Kerkenna per capire, siamo andati all'altro capo di Lampedusa, lì da dove partono i «viaggi della disperazione» per comprendere e svelare l'altra faccia della medaglia, il lato oscuro, quello meno indagato dell'immigrazione irregolare. A fronte di tutti i barconi che approdano sull'isola siciliana, delle tante carrette disperse, dei titoli a sei colonne sui quotidiani, esiste una storia che non è stata raccontata, che inizia quando quella delle vittime finisce. Una storia che prende le mosse quando sulle singole vicende dei migranti cala il sipario, quando il guardacoste italiano fa attraccare il barcone e i migranti sfibrati ed esausti tirano un sospiro di sollievo, qualcuno a decine di chilometri ha fatto il business, mentre osservava il barcone partire. Siamo andati a Kerkenna per parlare con lui. E lui ha accettato di passare due giorni con noi. E raccontare.

Un sogno a portata di mano

Le coste tunisine sono storicamente un punto di partenza per Lampedusa: l'isola è lì di fronte, a portata di mano. Durante la Rivoluzione dei gelsomini del 2010-2011 le ondate di sbarchi si susseguono incessanti. La gente scappa a frotte, tutti verso le coste: chiunque abbia un peschereccio può essere l'uomo giusto per andare in Italia. Come Emir, che in quei primi mesi del 2011 di passaggi a Lampedusa ne fa parecchi. All'inizio di febbraio di quell'anno, sulle coste siciliane arrivano anche mille disperati al giorno. La Tunisia «vomita» migranti che vogliono lasciare il paese. Si parte anche dalla Libia, ma le zone di Sfax, Kerkenna, Zarzis e Djerba sono tra le più gettonate. In quei mesi, complice lo sbandamento e l'assenza di controlli di polizia, si fanno affari d'oro.

Nel 2011 a Lampedusa, Linosa e Lampione, secondo la Fondazione Ismu, che ogni anno redige un rapporto sulle migrazioni in Italia, avvengono 452 sbarchi, il 59 per cento del totale di quell'anno, con 51.753 persone a bordo. Delle 760 imbarcazioni arrivate sulle coste italiane da gennaio a dicembre del 2011, 519 sono partite dalla Tunisia. Molte di queste provengono proprio da Sfax o Kerkenna. E al timone c'è spesso anche Emir.

Poi, a partire dal 2012, più controlli da parte della polizia tunisina e l'inasprimento delle pene per gli *smuggler* hanno dato del filo da torcere a Emir e ai suoi colleghi.

Il nostro *smuggler* ci vuole mostrare la via per Lampedusa. Saliamo a bordo insieme a lui e all'aiutante. Emir ha un peschereccio con un motore da trenta cavalli. L'isola dista 64 miglia e se il mare è buono si raggiunge in dieci ore. Ci spiega che l'ideale sarebbe avere un'imbarcazione con cento cavalli di spinta. Sono le otto del mattino e prima di salpare compriamo baguette, scatolette di tonno, acqua e sigarette. Dopo tre ore siamo al largo. Emir addenta il suo pranzo, si insozza i baffi di salsa piccante mentre il suo secondo scivola silenzioso sottocoperta a preparare il caffè. Emir è nel suo regno, gli si scioglie la lingua e ha voglia di raccontare. Prima però indica la direzione. «Lampedusa è lì» puntando l'indice verso l'orizzonte. Il braccio, lunghissimo, sembra sfiorare l'isola siciliana. Lui parla arabo mentre l'interprete traduce.

Come recluto i migranti? Ho cinque persone in giro per la Tunisia che mi cercano i clienti. Stanno a Tunisi, Sidi Bouzid, Djerba. Lavorano dove sono conosciuti, devono essere del posto. Io da questo affare devo ricavare il più possibile. Mettiamo che un battello costi 30.000 dinari, circa 15.000 euro, e che dentro ci stiano cinquanta persone. I clienti pagano 2000 dinari a testa. Il capitano, cioè io, prende 7-8000 dinari. L'assistente 4-5000, dipende dal viaggio. Di ciò che resta, il coordinatore, che poi sono sempre io, si prende il doppio degli altri collaboratori. Semplice, no?

Qui, durante la rivoluzione del 2011, era un macello: venivano da tutto il paese, dopo essersi venduti ogni cosa.

Tutti volevano partire, tutti volevano andare a Lampedusa. Non pensate che sia facile, per fare questo business bisogna essere coraggiosi. Non si deve avere paura della polizia, non si può temere il carcere. La prima cosa da fare è crearsi una rete di collaboratori, anche loro non devono essere dei codardi. Più sei coraggioso, più hai autorità e quindi lavoro. Tutti devono avere paura di te. Qui la mia parola è sempre l'ultima altrimenti ti massacro di botte, chiaro? Con me non si negozia.

I clienti, i giovani che vogliono partire vengono a Kerkenna e ci rimangono per una, due o tre notti, dipende dalle condizioni del mare. Li butto in una delle casette appena fuori El Attaya, dai muri senza intonaco e dalle imposte in legno, simile a tante altre. Quella zona è disabitata, al massimo ci sta un vecchio pescatore in pensione. Poco importa, tanto qui sanno tutto di tutti ma nessuno parla con gli sbirri. L'affitto della casetta è di circa 150 dinari al mese: questo è quanto pagano i clienti per un posto letto a notte. Alla fine con venti persone intaschi 100 dinari al giorno. Poi c'è il cibo: se vuoi mangiare, bere, fumare cannabis devi pagare di più.

Il responsabile della casa è un mio collaboratore, mentre all'acqua e al cibo ci pensa un altro. Niente birra o alcol, altrimenti scoppiano risse e casini. I clienti non possono uscire di casa. Mai. A volte restano anche una settimana. Se finisci i soldi te ne vai, cazzi tuoi se non puoi pagare il soggiorno, il vitto e l'alloggio. Nessuno sa quando si parte, solo noi lo sappiamo e solo noi abbiamo il potere di decidere. Se hai i soldi per il viaggio ma non quelli per stare qui, la cosa salta, te ne vai. Punto e basta. I clienti arrivano col battello da Sfax a gruppetti di cinque, al massimo. Se arrivassero tutti insieme desterebbero troppi sospetti.

La polizia? Gli sbirri, per quanto mi riguarda, non mi toccano, sennò passano guai. Hanno famiglia anche loro, sapete, hanno paura. Potrebbero beccarsi una coltellata appena smontano dal servizio. Temono che la moglie un giorno possa ricevere minacce. Io qui sono l'autorità, lo capite o no? Se la polizia viene a sapere che stiamo organizzando un passaggio per Lampedusa, e prova a entrare nel quartiere, finisce male. Tutti i ragazzi che vivono nella zona si organizzano e li prendono a sassate, scoppia un casino. I giovani qui sono con me, io sono il leader. Io i ragazzi li aiuto, la polizia no, è contro di loro. Qui comando io e se proprio non mollano, allora li freghi.

Due anni fa Mohamed, un mio collaboratore, mi avverte che la polizia sta arrivando. Comincia a urlare e a sbracciarsi dal molo. Io avevo già imboccato il fiume Ouad Mimum, avevo a bordo diversi migranti. Prendere il largo non conveniva, c'era anche mare grosso. Ho afferrato a forza i clienti, uno a uno, e li ho buttati in acqua. Ho detto loro di non lamentarsi e di nuotare verso l'isola di Gremdy, che sarei passato a prenderli dopo qualche ora. Quando gli sbirri sono arrivati hanno trovato la barca vuota. Li ho fregati alla grande e il viaggio è andato lo stesso a buon fine.

«Il capitano sono io. Tu non sei nessuno»

Fuma tanto Emir, una sigaretta dopo l'altra, anche in barca mentre regge il timone seduto a poppa. Una decina di metri di scafo in legno, pitturato di blu, con il vano motore sottocoperta e un po' di spazio per metterci le reti, altri attrezzi e ovviamente i migranti.

Il suo peschereccio può portare fino a quaranta persone stipate. A Lampedusa ci è arrivato molte volte, giusto mezz'ora per scaricare i migranti e poi di nuovo rotta verso casa. Le tavole dell'imbarcazione scricchiolano sotto i nostri piedi. Il motore sbuffa pigro all'avvio, poi scoppietta allegro mentre si lascia alle spalle Kerkenna. Stavolta la linea di galleggiamento è alta, ci sono pochi ospiti a bordo. Emir conduce il peschereccio con la gamba sopra la barra del timone. Maglietta, pantaloncini e vecchi sandali deformati dai grossi piedi. La pelle è scura e coriacea, si ingentilisce solo un po' sul viso. Racconta che al largo, in acque internazionali, a volte le onde arrivano a venti metri e i clienti piangono, vomitano. E allora bisogna rassicurarli e calmarli. Mentre ci parla dice al suo secondo di preparare altri cinque bei caffè turchi, quelli filtrati. Quando entriamo nella *rivière blanche* Emir gli impartisce ordini, lui scatta subito in piedi e obbedisce. Il ragazzo racconta che molti sull'isola vorrebbero essere al posto suo.

La tabella di marcia di Emir è molto precisa. Quando il mare è buono, si parte a mezzanotte. Al corridoio numero quattro si arriva verso le tre del mattino a luci spente. Ci si ferma, si aspetta, si dorme. Si trascorre l'intera giornata in barca per poi rimettersi in viaggio la notte successiva. A Lampedusa si approda alle sei del mattino seguente. Si passano in tutto due notti in mare, trenta ore totali. E poi si torna a Kerkenna. Salvo inconvenienti: polizia, tempeste improvvise e animi troppo accesi.

Spesso tra i clienti si formano gruppetti, magari c'è gente che già si conosce oppure che viene dallo stesso paese. Scoppiano facilmente delle risse, non si fidano gli uni degli altri, litigano, si minacciano. Quando è così prendo per il collo quello più agitato, lo scuoto un paio di volte, se serve lo colpisco in faccia, poi lo minaccio nuovamente. Insomma, gli faccio capire chi è il capo. Devono capire che quando arrivano in Italia possono fare quello che vogliono, ma sulla barca io detto le regole. Prima che salgano a bordo li perquisisco, spesso hanno coltelli o altre armi.

I clienti più tranquilli sono gli africani neri, sono timorosi, se ne stanno quieti in disparte. Le teste calde sono i tunisini, sono spesso delinquenti o galeotti che magari arrivano da Tunisi o dall'interno. Sono dei piccoli boss nella loro regione o nel loro quartiere. Io li massacro subito di botte, non ho scelta. Devono capire immediatamente chi comanda. E assesto loro subito due manate in faccia come si deve.

Una volta mi è capitato un tunisino troppo agitato. Prima di salire sulla barca il mio assistente gli aveva trovato una lama di rasoio nascosta in bocca. Sapete a cosa serve, no? Se sei abile a tenerla in bocca, senza ferirti, la tiri fuori con la lingua al momento giusto e apri la faccia a chi ti sta davanti. Questo tipo arrivava da Gafsa, una città abbastanza vicina, al confine con l'Algeria. Un'area molto, molto povera. Aveva circa ventisei-ventisette anni ed era bello grosso, ma soprattutto continuava ad agitare le mani. Gli ho detto di starsene calmo, altrimenti lo avrei buttato in acqua. Niente. Allora l'ho preso per il collo e gli ho rifilato due cazzotti sul naso. Gliel'ho rotto. Sanguinava come una capra. Poi ho urlato agli altri che avrebbero fatto la stessa fine. Ha funzionato. Tutti calmi e zitti. Lui è rimasto legato a piangere fino a Lampedusa.

Emir è un tipo burbero ma certamente rispettato. La sua vita si ripete ogni giorno allo stesso modo. Va di rado a Remla, la città più grande delle isole Kerkenna, preferisce stare nel suo quartiere. Non ha mai lasciato l'arcipelago, non ha mai lasciato la Tunisia (fatta eccezione per i viaggi a Lampedusa). Dal 2007 in poi però l'ha fatta lasciare a un migliaio di persone almeno. Si sveglia sempre alle 5.30. Saluta moglie e figli, prende la moto e va al bar nella piazzetta del quartiere. Beve tre caffè filtrati, apre il primo pacchetto di Mars, chiacchiera con gli amici pescatori, seduti al tavolino di fuori. Verso le nove arriva al porto e controlla la sua barca. L'aiutante a quell'ora è già a bordo che ripara il verricello per le reti: ogni tanto si blocca, va smontato, oliato e rimontato. Mangia la sua solita baguette con tonno in scatola e salsa piccante in compagnia del suo secondo. E fuma. Fuma sempre.

Negli ultimi due anni, dopo la rivoluzione, il business è calato almeno dell'80 per cento. Tutta colpa delle nuove repressive leggi sul traffico di esseri umani varate dal governo tunisino. Sono più che altro i delinquenti che partono oppure quelli che hanno problemi con la polizia. Ma lo *smuggling* è tutt'altro che un affare svanito, soprattutto nella vicina Libia.

Non solo Lampedusa

Che cos'è Lampedusa? La porta d'Europa, si dice. E per questo periodicamente diventa punto di arrivo di migliaia di sbarchi. Ed è su quella porta che lavorano tanti *smuggler*. Proprio lì, dove a fasi alterne si aprono le brecce nella «fortezza Europa». Brecce che dipendono dagli eventi del Medio Oriente e dell'Africa, sia del Nord sia quella subsahariana. Guerre, carestie, crisi umanitarie. Lampedusa è il lembo più esposto del Vecchio continente, più visibile, più facile in molti casi da raggiungere. Per i migranti irregolari e per i richiedenti asilo politico è il miraggio, il primo passo verso la salvezza, il punto di approdo ma anche la partenza di un nuovo viaggio verso il Nord Europa.

Per i trafficanti di uomini invece è un'isola che rende. Un casello autostradale. È un lembo di terra circondato da un mare di soldi e ragionevolmente vicino ai porti di partenza.

Quando gli affari andavano a gonfie vele, a Kerkenna, a Sfax e negli altri porti tunisini, per Emir e i suoi colleghi

«Lampedusa» era la parola d'ordine. Poche ore di navigazione e si arriva. Poi il business è calato e in più sono tornati al lavoro anche gli *smuggler* libici, dopo la lunga pausa che era seguita agli accordi tra Roma e Tripoli e alla successiva rivoluzione.

Tutto il Nordafrica guarda a Lampedusa perché è vicina, certo. Ma si sbarca anche ad Agrigento, a Pozzallo, a Crotone. E dall'altra parte, si salpa anche dall'Egitto, da Alessandria ad esempio. Però la destinazione principale resta sempre Lampedusa.

L'isola siciliana è la porta d'Europa più raccontata, è «il fenomeno» per i giornalisti e per il grande pubblico. La mediatizzazione, l'eccesso della narrazione, spesso superficiale e melensa, che descrive solo la tragedia delle vittime, ma non aiuta a comprendere fino in fondo il ruolo dei trafficanti di uomini. I titoli sempre uguali non restituiscono dignità ai morti e non fanno luce sugli *smuggler*: «Nuova tragedia nella notte. La carretta del mare è affondata col suo carico di disperati». Oppure: «Presi due scafisti, organizzatori dei viaggi della morte» e tanti altri. Tutti i titoli su Lampedusa si assomigliano da anni e non descrivono in modo compiuto ciò che accade realmente. Perché raccontano solo un pezzo della storia, l'ultimo: lo sbarco.

Gli *smuggler* agiscono dove non ci sono i riflettori. O meglio, agiscono anche dove non ci sono. Difficile che i pezzi grossi si facciano prendere, difficile che saltino sul barcone o sulla nave con i clienti. In occasione del 3 ottobre 2013 – data della strage poco a largo dell'isola dei Conigli, in cui sono morte 366 persone – i giornali impiegano un po' a scrivere che non si trattava di migranti irregolari, ma di potenziali richiedenti asilo. Lo *smuggling* e la sua grande agenzia di viaggi non serve solo i clienti che non hanno titolo a entrare in Europa, ma anche quelli che lo avrebbero. Ma l'assenza di strutture di accoglienza, spesso di democrazie, in generale di situazioni adeguate in paesi come Libia, Egitto o Tunisia, non permettono a somali ed eritrei, ad esempio, di fare domanda di asilo politico prima di intraprendere il rischiosissimo viaggio. Col risultato che anche chi non dovrebbe si affida ai trafficanti. Spesso violenti.

Quello arrestato in occasione della tragedia, Mouhamud Elmi Muhidin, somalo di venticinque anni, è stato accusato dalla Procura di Agrigento di sequestro di persona a scopo di estorsione, associazione per delinquere finalizzata al favoreggiamento dell'immigrazione clandestina, tratta di persone e violenza sessuale. Sosteneva di essere a sua volta vittima di un'organizzazione di trafficanti. Sono stati gli stessi superstiti del naufragio del 3 ottobre a riconoscerlo. Era sbarcato nuovamente a Lampedusa circa tre settimane dopo a bordo di un barcone con novanta profughi. Secondo le testimonianze raccolte dalla polizia, l'organizzazione a cui apparteneva il somalo aveva sequestrato un gruppo di decine di migranti tra Sudan e Libia, li aveva ricattati, torturati, stuprato le donne, si era fatto consegnare soldi dalle famiglie (riscatti di circa 3000 dollari a testa) prima di preparare il viaggio verso «la porta» d'Europa.

La stessa porta si apriva quando Gheddafi usava gli sbarchi come leva politica per fare pressioni sull'Italia: i barconi partivano, gli *smuggler* lavoravano e il leader libico chiedeva cospicui finanziamenti in cambio di ferrei controlli delle sue coste. E la porta si chiudeva quando si perfezionavano gli accordi e Gheddafi arrestava l'esodo. Tanto erano gli stessi militari coinvolti nel traffico, gli stessi che organizzavano le traversate che poi controllavano che nessun barcone salpasse.

Le rotte verso Lampedusa dalla Tunisia, dalla Libia, dall'Egitto prima erano affollatissime a causa delle rivolte arabe. Oggi a causa dell'instabilità e della fragilità dello

Stato libico, delle sue milizie che controllano il territorio e permettono il traffico di esseri umani, e della situazione attuale sempre in Egitto e in Tunisia dove nuove leggi puniscono severamente gli *smuggler*.

Ma non c'è solo Lampedusa. Se ci si ferma ai giornali pare che l'immigrazione irregolare in Italia e in Europa passi tutta da lì, ma non è vero e l'eccesso di mediatizzazione distoglie dal comprendere il fenomeno nella sua completezza.

I Signori delle frontiere

Altre porte d'accesso

Trasportare gente da un capo all'altro del mondo richiede esperienza, tempo, mezzi, soldi e soprattutto conoscenza delle diverse regioni e delle frontiere che si attraversano, contatti con i doganieri e con le polizie dei vari paesi. E allora nella maggior parte dei casi sarà un iraniano a corrompere la polizia di frontiera tra il paese degli ayatollah e l'Afghanistan. Sarà un libico a trattare con un militare libico, un greco a parlare con l'Astynomia. Serve almeno uno del posto che sappia quando il poliziotto che è di turno prende il caffè e gira lo sguardo o fa finta di non vedere.

Nel caso dei trafficanti di uomini, il luogo è fondamentale. Venire al mondo e vivere vicino a terre di transito e di passaggio è essenziale. Lo è stato per Josip Lončarić, che si è fatto le ossa tra le cavità carsiche. Le piste desertiche nel Sahel non sono roba da tutti: solo i tuareg le percorrono con i loro veloci pick-up senza rischio di perdersi o morire. I boschi tra Slovenia e Italia, i sentieri sul Carso, vanno conosciuti prima di essere attraversati nottetempo, senza correre il rischio di finire in un dirupo. Così come la regione dell'Evros, in quel cuneo fra Grecia, Bulgaria e Turchia dove d'inverno si sfiorano i venti gradi sotto zero. Devi sapere dove guadare il fiume e quando, devi conoscere la morfologia dell'altra riva per sapere dove far attraccare il canotto e far sì che il tuo carico di migranti giunga a destinazione.

Anche per attraversare la Manica c'è bisogno di astuzia ed esperienza: si devono riconoscere i camion che da Calais vanno nel Regno Unito e nascondervi dentro i migranti senza che l'autista se ne accorga.

E ancora, per attraversare il deserto del Sahara partendo da Agadez, in Niger, fino alle coste libiche bisogna conoscere le piste. «Da quando il mio boss ha deciso di dedicarsi ad altra merce, ho trasportato più persone nel mio camion di tutti i granelli di sale che avevo portato nei quindici anni precedenti.» Lo racconta un tuareg, la cui testimonianza è contenuta nel rapporto dell'Ufficio delle Nazioni unite contro la droga e il crimine sullo *smuggling* del 2011. Il tuareg è un trasportatore professionista di migranti, che lavora per un imprenditore arabo del Niger. Per quindici anni si è guadagnato da vivere portando miglio per le vie del deserto da Bilma a Dirkou e ritornando indietro carico di sale. Agli inizi degli anni Novanta il suo capo, come molti altri titolari di una piccola flotta di camion, decide di sfruttare le sue conoscenze e convertire l'azienda al trasporto di migranti, affittando i suoi mezzi a varie agenzie di viaggi che via via nascevano come funghi ad Agadez.

Nessun trafficante però, per quanto abile, intelligente e con denaro a disposizione, potrà avere tutte le competenze specifiche necessarie per affrontare lunghi e pericolosi itinerari. Per questo si agisce in gruppo e ognuno fa un «pezzetto» del lavoro occupandosi di una tratta o ricoprendo un ruolo. La rete è fatta di persone: più le persone stanno in contatto, collaborano e comunicano, più la rete funziona.

La rete insospettabile

A volte dentro alla rete ci sono anche persone al di sopra di ogni sospetto, proprio perché il loro lavoro li rende indispensabili. È il caso – se quanto risultato dalle indagini verrà confermato nel processo – di un'avvocatessa civilista del foro di Parma, al centro di un traffico di clandestini dalla Tunisia, emerso da un'operazione della squadra mobile di Parma sul finire del 2011.

Favoreggiamento dell'immigrazione clandestina, falsa testimonianza, simulazione di reato: questi i capi di imputazione a carico dell'insospettabile legale. I traffici sono diretti da un gruppo di *smuggler* tunisini, gestori di una piccola kebabberia di Parma, da cui organizzano la loro attività criminale.

I servizi di migrazione offerti sono di due tipi. Il primo è un semplice viaggio per raggiungere la Francia, dal costo di poche centinaia di euro, per migranti sbarcati a Lampedusa nei giorni della rivoluzione tunisina. L'altro, più complesso, consiste in un trasporto dalla Turchia all'Italia attraverso la rotta balcanica, sfruttando la porosità del confine italo-sloveno. Dalla Tunisia, per 3000 euro, fanno passare i migranti attraverso la Turchia o altri paesi del Medio Oriente e poi attraverso Ungheria, Austria e Slovenia, fino in Italia.

Decine e decine di giovani magrebini stipati in furgoncini, a volte affittati a nome del ristorante. Arrivati in Italia per regolarizzare la loro situazione, si ricorre a sanatorie, vengono stipulati finti contratti di lavoro nella kebabberia oppure si organizzano matrimoni con donne italiane compiacenti, almeno fino all'entrata in vigore del cosiddetto «Pacchetto sicurezza». Il tutto proprio con la complicità dell'avvocatessa. Gli indagati sono tredici, tutti stranieri tranne tre donne parmigiane: una è l'avvocatessa e le altre due sono giovani che si sarebbero prestate a matrimoni di comodo.

L'inchiesta parte per un caso fortuito durante i giorni della Rivoluzione dei gelsomini, quando Lampedusa è sotto assedio e gli sbarchi di tunisini sono quotidiani. Molti provano a raggiungere la Francia, che in quel periodo attua il blocco delle frontiere. Lungo la Genova-Ventimiglia la stradale di Imperia ferma un camioncino. L'autista scappa e gli agenti scoprono otto tunisini che raccontano di essere arrivati sull'isola siciliana alcuni giorni prima e di essere partiti la sera precedente da Parma e da Reggio Emilia, dopo aver pagato qualche centinaia di euro a connazionali per il viaggio. Quella stessa mattina un tunisino, gestore di una kebabberia di Parma, denuncia il furto di quel mezzo, di cui è proprietario, che non presenta però segni di manomissione o effrazione. Dopo pochi giorni sulla stessa tratta autostradale la polizia controlla un'auto e a bordo trova un trafficante tunisino con quattro clandestini, sempre provenienti da Parma. Gli atti vengono trasmessi alla squadra mobile della città emiliana e cominciano le indagini.

Nell'agosto del 2011, scatta un'operazione per bloccare il traffico sulla rotta dell'Europa dell'Est: viene seguito un furgone noleggiato tramite la kebabberia «Sapori mediterranei» e diretto in Ungheria. Al ritorno, al valico di frontiera Fernetti-Trieste, la polizia di frontiera coglie in flagrante i conducenti del furgone. Nel retro del veicolo ci sono dodici magrebini senza documenti. Saranno respinti verso la Slovenia e rimpatriati.

Secondo quanto riferisce l'Osservatorio Balcani e Caucaso, citando gli studi di Desirée Pangerc, antropologa triestina, la Police Cooperation Convention for Southeast Europe, struttura con sede a Lubiana che serve a far collaborare le polizie dei diversi Stati della regione, stima che vi siano cento ingressi irregolari al giorno sulla frontiera italo-slovena.[1] Se le cifre corrispondessero al vero si tratterebbe di oltre 35.000 ingressi irregolari l'anno contro i 24.000 degli sbarchi in Italia via mare, dall'agosto 2012 all'agosto 2013. Non solo, al confine tra Turchia e Bulgaria, nei primi nove mesi del 2013, sempre secondo l'Osservatorio Balcani e Caucaso, sono transitate illegalmente 5815 persone. Sette volte tanto gli ingressi del 2012.

Per uno strano gioco dei ricorsi storici proprio quella rotta a est che tanto aveva fruttato a Josip Lončarić negli anni Novanta, quella che aveva fatto la sua fortuna, sta tornando in auge. Così nuovi trafficanti sono pronti a raccogliere l'eredità dello *smuggler* numero uno. Ancora una volta il lato nascosto dell'immigrazione è quello più potente e decisivo.

Le frontiere europee sono in continuo mutamento. Ogni volta che un nuovo paese si unisce all'Unione i confini cambiano e i luoghi caldi, strategici dove operano gli *smuggler* variano con essi. Oggi i passaggi più imponenti avvengono tra la Grecia e la Turchia, tra le coste nordafricane e quelle italiane e tra quelle – interne al Vecchio continente – della Manica, tra Francia e Inghilterra. Per la gente che conosce questi territori, far parte di una rete che collabora e comunica significa fare affari d'oro.

La porta d'accesso greca

La regione greca di Evros, al confine con la Turchia, è diventata negli ultimi anni la nuova porta d'accesso al sogno europeo. Si entra dalla Penisola anatolica, un tempo via

---

[1] Si veda il sito: www.balcanicaucaso.org/aree/Balcani/Migranti-via-terra-attraverso-i-Balcani-144129.

mare, ora via terra. La rotta greca è quella preferita da siriani, afgani, pachistani, curdi, magrebini, ma anche da migranti dell'Africa subsahariana come ghanesi o nigeriani. Arrivare a Istanbul è facile: un visto per la Turchia non lo si nega quasi a nessuno così i migranti si concentrano lì. Oppure a Smirne, sulla costa: nelle baracche, nei sobborghi, in attesa di ripartire. E poi si tenta il passaggio. Fino al 2011 i dati ufficiali di Atene parlavano di 512.000 clandestini entrati in Europa attraverso la Grecia. E proprio il confine lungo il fiume Evros è considerato il punto debole. Non sempre sono immigrati illegali, molti sono rifugiati che scappano da zone di guerra. Secondo Frontex, l'Agenzia europea per il controllo delle frontiere esterne, fino a pochissimi anni fa ogni giorno circa 250 persone attraversavano illegalmente questo confine. Negli ultimi dodici mesi il numero dei passaggi è diminuito – complice una barriera di acciaio e filo spinato, dal forte sapore propagandistico, eretta dal governo greco – a fronte di un aumento attraverso le isole dell'Egeo orientale e della Bulgaria. Il problema quindi è tutt'altro che risolto.

Per attraversare il fiume Evros, che divide la Grecia dalla Turchia lungo un confine di 150 chilometri, i migranti pagano dai 500 agli 800 euro. Si guada di notte, con piccoli battelli o con dei canotti. Il trafficante li fa approdare in piccoli gruppi, da un minimo di cinque a un massimo di dieci persone. Spesso è lo stesso *smuggler* che spinge il battello nel fiume per poi lasciar fare il resto ai migranti.

È l'alba di una fredda mattina di aprile del 2012. Vediamo l'intera operazione con i nostri occhi, acquattati nei cespugli. Per giorni abbiamo monitorato la zona, per capire quali potessero essere gli approdi. Una volta individuato il punto strategico, ci siamo appostati nel buio, attendendo che trascorresse la notte. Abbiamo aspettato ore prima di avvicinarci, l'intera area lungo il fiume è pattugliata e se i militari greci ti beccano è finita. Bisogna essere molto cauti anche con i trafficanti, che molte volte sono armati. Hanno pistole, spesso anche fucili. Quando quel giorno di aprile i nove algerini abbandonano al fiume il piccolo canotto giallo, e con i piedi nell'acqua tentano di arrampicarsi sulla sponda greca dell'Evros, il trafficante turco si è già dileguato. Le sue ultime parole nella penombra sono: «*Go! Go!*», per incitare i migranti di turno a usare i due piccoli remi e guadagnare l'Europa. Il canotto resta lì, impigliato tra i lunghi rami che lambiscono l'acqua del fiume. Quel trafficante di cui abbiamo scorto appena la sagoma è ora pronto a tentare nuovi passaggi. Ma con sempre maggiore accortezza e circospezione. È diventato infatti molto rischioso per gli *smuggler* turchi accompagnare i migranti sul suolo greco, dopo i tanti arresti compiuti lungo il confine dall'Astynomia, la polizia ellenica.

Al commissariato di Orestiada ci mostrano un video girato a infrarossi in cui una comitiva di migranti viene scortata da tre trafficanti armati fino alla sponda dell'Evros. Si vedono distintamente le sagome dei lunghi fucili. La polizia racconta che spesso i «trafficati» vengono picchiati o minacciati perché le fasi del passaggio sono delicate e la tensione altissima. Qualcuno dà di matto. E lo *smuggler* non se lo può certo permettere. Ma c'è un altro elemento nascosto da svelare qui a Evros. Un fattore che getta una luce tutta nuova sul fenomeno dello *smuggling*.

Andiamo al commissariato di polizia di Alessandropoli, il capoluogo della regione, dove un giovane investigatore, tra sigarette e caffè frappè, ci confida che sempre più greci entrano nel «giro» dei trafficanti. Alcuni agricoltori che hanno i campi proprio a ridosso del fiume, e quindi del confine, hanno iniziato a farsi pagare per trasportare gente. Cinquecento euro a testa. Gruppi di dieci migranti alla volta per un paio di attraversate al mese, a dir poco. Il canotto o la barchetta piena all'inverosimile, tutto in nero, tutto esentasse. In tempi di crisi c'è di che fregarsi le mani. Sono semplici *passeurs* gli agricoltori greci, ma facilitano notevolmente il passaggio e spesso si mettono al servizio di grandi reti criminali. Tanto più che anche la polizia turca negli ultimi mesi ha adottato la mano pesante con gli *smuggler* e nella zona di confine di Evros non è raro udire colpi di arma da fuoco. Se individuano gruppi nella notte, sparano per fermarli. Così compaiono sulla scena i trafficanti dell'ultima ora.

Nel villaggio greco di Pìtio – poche abitazioni, una rocca medievale, una farmacia, una chiesa ortodossa e un bar – ogni tanto si sussurra di quello che succede. Un segreto di Pulcinella, ma la gente non ne parla volentieri. Il continuo flusso di clandestini comincia a infastidire, le camionette della polizia che pattugliano giorno e notte la strada statale lungo il fiume oramai da due anni innervosiscono molti abitanti della zona. La situazione di continua emergenza dà fastidio. «Non abbiamo soldi per noi, dovremmo aiutare gli afgani? Che restino a casa loro» è un commento ricorrente da queste parti. Eppure, per alcuni, la «crisi nella crisi» è diventata una formidabile opportunità economica.

Tra l'Africa e l'Italia c'è El Douly

Mi chiamano «El Douly», l'internazionale, perché sono uno che ha viaggiato molto. Vengo da un villaggio della zona di Suez, in Egitto. Mio padre era ingegnere, grazie a lui ho potuto studiare: mi ha pagato la scuola fino alle superiori. Ho iniziato presto a girare per il mondo, da giovanissimo sono andato in Iraq dove ho fatto svariati lavori per mantenermi: cameriere, garzone, saldatore. Ho vissuto per anni tra Bagdad e Mossul, con brevi soggiorni in Turchia e in Giordania. Ero in Iraq durante la Prima guerra del Golfo, lungo il confine si combatteva e si sparava. La popolazione irachena era poco numerosa, c'erano pochi soldati e questo creava seri problemi alle truppe di Saddam. Quando i ragazzi entravano nell'esercito, venivano mandati al confine e per mesi non potevano tornare dalle loro famiglie. Alcuni di loro, pur di andare a casa, disertavano, ma quando li beccavano venivano condannati a morte. La legge era durissima. Ho visto disertori passare il confine e salvarsi, quindi ho capito che niente è impossibile. Ma ero ancora troppo giovane e non sapevo nulla della vita e del business.

El Douly è un trafficante di uomini, uno *smuggler*. Un vero professionista del mestiere che opera in una delle zone più calde per l'immigrazione irregolare. Gestisce una rete egiziana che collabora con una grande rete libica specializzata nel muovere clandestini e richiedenti asilo verso la Sicilia. Centinaia di migranti sono approdati a Lampedusa tramite El Douly. Forse non potrà mai arrivare a essere come Josip Lončarić, ma come lui è partito da zero e come lui vuole crescere sempre di più. Lo incontriamo al Cairo, in Egitto, a fine maggio del 2012. È la prima volta che racconta a qualcuno del suo lavoro, di come si diventi un trafficante di uomini rispettato e quotato. Siamo poco distanti da piazza Tahrir, i cori stanchi della rivoluzione sfiorita arrivano fino al caffè in cui siamo seduti. Sono in corso le elezioni presidenziali, il vecchio regime se la vede con i Fratelli musulmani.

Gli inizi della carriera di El Douly sono avventurosi e affascinanti, da romanzo. Ha poco più di quarant'anni, è un tipo socievole, dalla battuta pronta, l'eloquio facile. Lo sguardo, vivace e attento, ti scruta per capire immediatamente chi sei e cosa vuoi da lui. Al contrario, nei movimenti è sempre morbido, il passo silenzioso, la camminata melliflua e quasi dinoccolata. È come se si insinuasse tra le persone, senza mai attirare l'attenzione. Capisce al volo la gente con cui ha a che fare, El Douly.

Ci sono persone che ti cambiano la vita. Nel mio caso è stato Adnen Issimari, un tipo grande e grosso, con lunghi baffi che gli coprivano la bocca. Era amato da tutti a Bagdad. Lo ricordo al mattino quando mangiava la *béja,* uno dei piatti tipici del posto, molto sostanzioso, una specie di pane con carne. Allora aveva quarantacinque anni o poco più e una ricca eredità che gli aveva lasciato il padre. Era anche proprietario di un ristorante. A Bagdad godeva di un certo prestigio, amava il vino e spesso beveva tutta la notte. E quando beveva, diventava un altro. Per parlare di affari bisognava andare in quei momenti perché era sorridente, affabile, rilassato e si discuteva sempre meglio. Adnen era uno *smuggler*. Adnen faceva un lavoro molto pericoloso, si occupava proprio dei giovani disertori. Li portava fuori dall'Iraq per non farli uccidere da Saddam. Trafficava i militari con il Kuwait e poi attraverso altri paesi li faceva arrivare fino in Turchia. Giocava un ruolo importante e cruciale.

Grazie a lui ho scoperto che la gente può passare i confini illegalmente. L'incontro con lui mi ha folgorato e in quel periodo ho imparato le differenze tra le culture, i diversi cibi, gli accenti dell'arabo ma soprattutto ho imparato che tutto si può fare e che niente è impossibile.

Adnen l'ho incontrato per puro caso; lui mi ha preso subito in simpatia. Se non fossi stato come sono, quando ho scoperto il suo lavoro, mi avrebbe sicuramente ucciso. Troppo rischioso per lui. Adnen lavorava contro Saddam e avrebbe dovuto farmi fuori per la sua stessa sicurezza.

Per il governo iracheno era un traditore, per i giovani del suo paese era «il salvatore». Stando con lui, un'idea iniziò a radicarsi nella mia testa...

La Libia, tanto per cominciare

Siamo a cavallo degli anni Novanta, il giovane El Douly, che nel frattempo era tornato in Egitto, ha problemi con il servizio militare e con l'esercito, anche la polizia lo cerca. Deve scappare, lasciare di nuovo il suo paese. Comprato un passaporto falso tramite un tizio che conosceva al Cairo, fugge in Libia, va a Tripoli prima, e a Bengasi poi. In Cirenaica decide di restarci per un po'.

Ancora oggi dopo vent'anni la Libia è la base strategica di molti *smuggler*. Anche Mouhamud Elmi Muhidin, il somalo arrestato nell'ambito dell'indagine nata dopo il naufragio di Lampedusa del 3 ottobre 2013, operava stabilmente nel paese.

In questo caso i migranti, perlopiù eritrei, venivano portati con dei fuoristrada in un luogo di detenzione a Sebha, nel Sud della Libia. Secondo le ricostruzioni dei magistrati italiani, una volta lì ciascun profugo doveva contattare i familiari all'estero e far versare su dei conti correnti, attraverso i circuiti di money transfer, una cifra tra i 3300 e i 3500 euro. Da sommare ad altri 1000-1500 euro che ogni migrante doveva pagare una volta trasferito sulla costa libica, in attesa della traversata.

In Libia ho scoperto una piccola Africa: quasi tutte le nazionalità del continente si concentravano lì. La Libia non era un paese industriale, non c'erano grandi commerci. Mi chiesi da dove arrivassero tutti quegli africani e perché. Capii allora che era una nazione di transito. Una porta e un mercato per migliaia di persone. Un mercato in nero per i neri. Lavoravano mesi o anni, magari come piccola manovalanza, per racimolare il denaro necessario per pagarsi il viaggio. Storicamente la terra di Gheddafi accoglieva africani subsahariani. Con sorti alterne. Spesso discriminati, altre volte potevano invece lavorare tranquillamente e garantire rimesse nei paesi di origine. I più però, come succede ancora oggi, miravano all'altra sponda del Mediterraneo. Mettevano via qualche soldo per poi potersi pagare il viaggio verso Lampedusa.

Tra il 1991 e il 1992 ho lavorato a Bengasi, nel quartiere degli hotel. Gestivo assieme a un socio, anche lui egiziano, un ristorante alla buona.

All'epoca c'erano tre nomi molto conosciuti a Bengasi. Tre nomi che correvano sulle labbra di tutti. Di tutti quelli che sognavano l'Europa. C'era un tale di nome Fadil, poi Ahmad Essaourka e un certo Shali. Gli ultimi due vicini ad ambienti governativi, forse dell'esercito o della polizia. Erano i soli che potevano far attraversare il Mediterraneo. Loro gestivano il business, erano i grandi trafficanti di Bengasi. A volte alcuni ragazzi che venivano a mangiare da me chiedevano dei tre: io li aiutavo a mettersi in contatto con loro.

Un giorno un cliente del ristorante arriva con un suo amico e mi fa: «Non mi piace la Libia, voglio andarmene». Gli dico di aspettare due settimane, che gli avrei trovato io un modo per lasciare il paese. Senza esitare troppo lo mando direttamente da Fadil. Era la prima volta che indirizzavo qualcuno da lui senza passare per altri intermediari. Saltai un anello della catena, qualcosa mi disse che dovevo fare così. Appena qualche giorno dopo al ristorante arriva una persona. Penso a un semplice cliente. «*As-salām 'alaykum*» mi saluta. Un tizio sulla quarantina, ben vestito. Non prende posto, non ordina nulla. Il mio socio stava riposando e nel locale ero solo. «Vengo da parte di Fadil» sputa l'uomo guardandosi attorno. «Chiede come fai a sapere di lui». Il fare è minaccioso, il tono da investigatore. «Non lo conosco, chi ti ha detto questa cosa?» gli rispondo. «Hai mandato due giovani?» controbatte. Io nego. Lo convinco e il tipo se ne va. Ho riflettuto a lungo sulla conversazione avuta. Mi sono chiesto se si trattasse di un poliziotto o se fosse un uomo vicino a Fadil. Mi sono interrogato a lungo sul mio gesto, se avessi fatto bene a mandare il giovane da quell'uomo, senza passare da chi di dovere.

Il giorno successivo uno sconosciuto viene a mangiare al ristorante. Non appena finisce di pranzare, dopo aver pagato il conto, mi rivela: «Io sono Fadil». Rimango di sasso. Non me lo immaginavo così, pensavo avesse la stessa stazza di Adnen, l'iracheno. Iniziamo a chiacchierare, ci siamo studiati a lungo, conosciuti. Mi chiede se l'indomani, una volta finito di lavorare, sarei potuto passare a prendere una cosa che mi spetta. «Domani ti mando una persona che ti condurrà da me» mi dice. Dei libici si è sempre detto che sono traditori, gli chiedo se posso fidarmi. «Certo» risponde lui e se ne va.

Quando ci rivediamo, Fadil esordisce dicendomi: «Sei un bravo ragazzo. Non hai paura di entrare in questo business?». Io gli rispondo di no, che non faccio del male a nessuno, che aiuto la gente e basta. «Senti, io ho del denaro per te.» Faccio finta di non capire. «Per i ragazzi che mi hai mandato: è la tua commissione. Hanno già pagato e hanno pagato bene.»

Alla fine Fadil mi dà più di quanto potessi guadagnare in un mese con il mio ristorante. Avevo ventun anni. Quello è stato l'inizio della mia carriera di trafficante.

Le grandi reti fluide

Lungo le rotte dell'immigrazione, collocati in punti nevralgici e strategici, esistono tanti «area manager» che coordinano le fasi del traffico. Non sono i manovali dello *smuggling*, non sono quelli che fanno il lavoro sporco. Sono persone che conoscono le rotte, che conoscono le frontiere e sanno a chi far fare il lavoro sporco. È una catena di individui indipendenti che interagiscono tra loro. Questi area manager negoziano direttamente le attività necessarie con fornitori locali di servizi che risiedono nei paesi di transito. Garantiscono prestazioni come un passaggio in auto, una sosta di un mese in un appartamento in attesa di un passaporto falso, la corruzione di un agente di frontiera. Questa figura e il migrante hanno spesso la stessa origine etnica.

Ciascun area manager che controlla il passaggio su uno o più paesi può decidere di affidare in *outsourcing* la concreta attività di *smuggling* a un coordinatore del posto o direttamente ai fornitori di servizi locali. È un sistema di subappalto che permette ai grossi trafficanti di sporcarsi il meno possibile le mani e sfuggire alle forze dell'ordine. Tanto più che spesso l'area manager, il grosso trafficante, ha una seconda attività rispettabile e legale, praticata sotto gli occhi di tutti: un phone center, un bazar, un'agenzia di viaggi.

I migranti sono accompagnati da differenti *smuggler* per la maggior parte del viaggio. È quindi raro che uno stesso trafficante possa controllare l'intero viaggio. I fornitori di servizi e gli area manager non sono membri di un'unica organizzazione gerarchica, fanno affari abbastanza stabilmente e la loro collaborazione è basata sul profitto. Il lavoro insieme si basa su criteri di efficienza e opportunismo: lavora di più chi è più bravo e chi si è fatto conoscere meglio lungo le rotte del traffico. Non diversamente dalle imprese legali, dalle Spa, dalle aziende che producono beni materiali, o dalle società di servizi, i gruppi criminali cercano di massimizzare la loro efficienza attraverso la diversificazione dei ruoli all'interno dell'organizzazione. Separare i ruoli e assegnare funzioni specifiche a membri qualificati è un modo per proteggere l'organizzazione, per lavorare meglio e quindi fatturare di più.

I ruoli all'interno di un'organizzazione di trafficanti di migranti sono: coordinatore o organizzatore, cioè l'amministratore delegato, i componenti del Cda; investitore, chi ci mette i soldi o i mezzi (una barca, le armi, i camion); il reclutatore o agente, che sostanzialmente è il venditore del servizio, il commerciale; il trasportatore, ossia il guidatore (di camion, di auto o di gommoni o barche); la persona che si occupa anche di mantenere l'ordine (se si portano gruppi numerosi bisogna avere le armi pronte); i fornitori di servizi o personale di supporto *in loco*; la persona che si occupa del recupero dei crediti; il riciclatore di denaro; il pubblico ufficiale corrotto o protettore. Quando le reti di trafficanti ricercano persone per ricoprire queste posizioni, spesso le trovano nel mondo «legale». Servirsi di individui incensurati, che svolgono un lavoro regolare, che provengono dalla sfera, almeno all'apparenza, lecita è un modo molto comune di operare dei gruppi di *smuggler*. Così i contatti con i migranti sono stabiliti soprattutto attraverso il passaparola, ma anche a mezzo di pubblicità su giornali locali e utilizzando agenzie di reclutamento o di viaggi.

Il tipo di network nel quale si trova immerso El Douly è una grande rete fluida. Come ha fatto il nostro giovane egiziano a entrare nella rete di *smuggler* che dall'Egitto e poi dalla Libia trasportano gente in Europa? Si è avvicinato a quel mondo quasi per caso, grazie al suo ristorante. Non è partito come piccolo scafista, né come «agente reclutatore». Nel business è entrato nel modo migliore, in punta di piedi: rendendosi utile, con discrezione, e diventando poi indispensabile agli altri nodi della rete.

Molti principianti entrano nel giro grazie a legami personali, ma anche grazie alle capacità che sviluppano attraverso il loro lavoro, la loro storia professionale. Alcuni iniziano perché hanno delle competenze particolari e sono attivi nel settore dei trasporti, sono «padroncini» o pescatori, oppure hanno occupazioni che riguardano l'import-export e controlli doganali o, ancora, delle consulenze finanziarie e legali come revisori, ex impiegati di dogane, banche e uffici di cambio. Sono avvocati o, più in generale, persone che esercitano attività imprenditoriali lecite che li mettono in contatto con le persone «giuste». E queste attività diventano un trampolino di lancio per la loro escalation malavitosa.

El Douly nella sua carriera ha seguito una catena. All'inizio a Bengasi è diventato piuttosto noto tra i migranti che cercavano di partire. Poi, piano piano, è entrato in contatto con i libici che appartengono alla confraternita dei senussi. Loro stessi hanno iniziato a cercarlo per il business. El Douly non si è fatto mai sfruttare, nessuno di loro gli ha mai estorto denaro. Allo stesso tempo, lui non poteva competere con quella gente, erano troppo forti e pericolosi, tutto doveva passare da loro. E con loro ha dovuto fare affari. El Douly è quindi entrato in una rete fluida, ma consolidata. È diventato un attore in più, un fornitore di servizi affidabile.

Questione di fiducia

Se mi chiedete chi è il più grande significa che non avete capito nulla di questo business. Seguitemi nel ragionamento: non c'è un capo, un regista. Siamo in tanti, ci conosciamo e ci fidiamo l'uno dell'altro. E ognuno fa un pezzo del lavoro. È una rete, una collaborazione. A volte la fiducia passa dai legami tra clan, che in alcune regioni del mondo sono molto forti. Tradire i rapporti tribali, rompere quella fiducia significa distruggere le regole del business e mettere in crisi un intero sistema.

Quando ero a Bengasi c'era un ragazzo egiziano che, come me, faceva il mediatore tra chi voleva partire e alcune persone molto influenti che consentivano quella partenza. Raccoglieva e radunava gente a casa sua, prometteva a tutti che li avrebbe mandati in Europa. In sostanza, vendeva sogni, prendeva tutto il loro denaro e spariva. I ragazzi rimanevano senza soldi e allora erano costretti a cercarsi un lavoro in Libia. Ma il loro obiettivo era sempre quello di arrivare in Europa. Pertanto prima o poi da Fadil bisognava passare. Molti di quei ragazzi truffati gli raccontarono la storia del «venditore di sogni». Fu il caos, gli uomini di Fadil iniziarono a cercarlo per consegnarlo nelle mani del capo. Io ho visto quel tizio quando lo hanno preso, gli hanno detto che stava giocando con il fuoco. E lui a scusarsi, dicendo che non ci aveva pensato, che non voleva fare del male, che aveva bisogno di denaro per un'operazione chirurgica della madre. Il tizio è stato ucciso e il suo cadavere scaricato nel deserto. Questi sono i loro metodi: ti sparano e poi ti abbandonano, a volte ti buttano in mare. Quel tipo era un pazzo. Usava casa sua per fare questo giochino coi migranti e non cambiava mai domicilio. Per cui è stato facile beccarlo. Io l'ho visto in una baracca sulla costa: prima di ammazzarlo e lasciarlo tra le dune, l'hanno mostrato anche ad altri che lavorano nel business come monito per tutti.

Io invece non ho mai sgarrato. Mi sono sempre comportato correttamente. Ecco perché la mia relazione con Fadil e i libici era così forte. E lo è ancora oggi, io posso mandare loro ragazzi e prendere i soldi della commissione anche fra un anno. Oggi entrare in Libia per me è pericoloso perché la polizia mi cerca, ma io so che la mia commissione è garantita. Posso anche chiedere un prestito in denaro. Ora Fadil è vecchio e io lavoro con alcuni del suo clan e i figli.

Vent'anni fa, all'inizio della mia carriera, ero io a cercare chi volesse partire, soprattutto gente dell'Alto Egitto. Ora invece sono cresciuto nel mio business. Ora è la gente a cercarmi, io ho molti agenti sul territorio, nei piccoli villaggi dell'Egitto. Ma non lavoro nella mia città di origine perché lì devo essere rispettabile. Nessuno deve sapere che cosa faccio nel luogo in cui vivo. Questione di sicurezza. La maggior parte dei giovani dell'Alto Egitto ha bisogno di me, ha bisogno di gente di cui fidarsi. La cosa più importante è avere cura dei nostri clienti, non compromettere mai la nostra reputazione. In alcune zone dell'Egitto, in certi villaggi, quando passo la gente per strada mi ferma e mi bacia perfino le mani.

Io devo essere paziente nell'avere i soldi, spesso a seconda delle stagioni agricole. Magari i ragazzi riescono a darmi un anticipo e poi, dopo che sono partiti, il padre mi dà il resto.

I miei agenti mi chiamano e mi dicono: «Ho due ragazzi qui e due ragazzi lì...». Prima li mandavamo direttamente a Bengasi, dicendo che un nostro collega li aspettava nel tale hotel il tale giorno. Ora c'è un mediatore in più, c'è un agente che li fa entrare in Libia. Questo accade da quando sono scoppiate le rivoluzioni egiziana e libica.

L'ultimo viaggio che ho organizzato? Un gruppo di trentasette ragazzi, che stava per costarmi caro. C'è stato un incidente stradale fra Bengasi e Agedabia. Per fortuna niente di grave, ma rischiavamo di attirare l'attenzione. Comunque tutto è andato bene. Quattro di loro erano di quattro villaggi diversi e dovevano andare in Europa, mentre gli altri trentatré rimanere in Libia per lavorare. Sono tutti riusciti a trovare qualcosa per tirare su un po' di denaro; un libico che conosco ha fatto da garante per loro, naturalmente ho pagato anche lui. Trascorse poche settimane, tutti e quattro i ragazzi hanno chiamato le famiglie dall'Europa.

Ora la mia reputazione cresce, il successo alimenta la fiducia verso di me. E i ragazzi arrivati in Europa sono come degli eroi. Ripeto, la cosa più importante è avere cura dei nostri clienti. Non compromettere mai la nostra reputazione. Fare in modo che non avvengano incidenti. Purtroppo a volte capita.

In alcuni villaggi dell'Egitto mi vogliono morto. Se andate lì e dite che mi conoscete, vi sparano. All'istante. Sapete perché? Perché a volte le barche affondano. E la gente muore. E i parenti dei ragazzi che erano nelle barche affondate mi vogliono fare la pelle.

Con El Douly trascorriamo alcuni giorni al Cairo. Spesso ci incontriamo dietro piazza Tahrir ma l'ultimo giorno in un centro commerciale dove, quando stiamo per salutarci, squilla uno dei suoi due cellulari.

«*Wa 'alaykum as-salām*... Sì, sono io... Dimmi che cosa vuoi fare... Sì, posso farlo... Se hai tutti i soldi subito bene, altrimenti vediamo come fare... Sì, lo possiamo fare lo stesso.»

El Douly chiude la telefonata e commenta: «Un ragazzo vuole andare in Spagna. E io ce lo mando».

Il traffico lungo la Manica

«Quanti di noi puoi portare in Inghilterra?»
«Due, tu e il tuo amico. Basta.»
«E quanto ci costa?»
«Ne abbiamo già parlato ieri. Te l'ho detto, mille a testa.»
«E se siamo in tre?»
«No, non voglio casini, ho detto tu e il tuo amico e basta.»
«A che ora?»
«Venite qui domani sera alle nove, vi trovo io.»
«Stasera non si può?»
«No, non si può. Decido io quando si può.»

La discussione non dura molto, i silenzi sono lunghi e gli sguardi indagatori. Tom, che incontriamo nel giugno del 2012, ci permette di assistere a una trattativa con alcuni albanesi. Seduti ai tavolini all'esterno di un bar, lui sorseggiando un caffè, i due albanesi bevendo birra. I ragazzi vogliono passare la frontiera la notte stessa; la diffidenza reciproca però è evidente. I due se ne vanno, bottiglia in mano, raggiungono un gruppo di connazionali sulla place d'Armes, la piazza principale di Calais e, fumando, si allontanano tutti insieme. Lanciando ogni tanto un'occhiata di sbieco al tavolino. Tom bisbiglia: «Non mi fido, quelli non vogliono pagare, me lo sento...».

Tom è un quarantenne irlandese rude e dallo sguardo vigile. Sta muovendo i primi passi nel business dello *smuggling* a Calais, in Francia, dopo una lunga esperienza nel traffico di droga. Lo avevamo incontrato in precedenza al Café de Paris, vicino al porto. Anche in quell'occasione trangugiava caffè e fumava una sigaretta dopo l'altra. Tom non tocca mai alcol, mangia sandwich preconfezionati ma dice di adorare la cucina italiana.

Conosce benissimo tutti i porti del continente da cui partono i traghetti per Dover e per le Channel Islands. Da alcuni mesi ha deciso di entrare nel settore del traffico di esseri umani. Proprio questo tratto di Europa è attualmente uno dei punti più redditizi per gli *smuggler*. Molti migranti, infatti, cercano tutte le notti di raggiungere le coste inglesi e tentare la fortuna, nonostante la fitta rete di controlli di frontiera. In particolare da Calais, il piccolo e grazioso porto francese, gentilmente affacciato sulla Manica, dalle lunghe spiagge e dalla deliziosa gastronomia a base di frutti di mare. Come da Patrasso, in Grecia, anche da qui ogni anno partono migliaia di migranti che si nascondono nei camion. A volte all'insaputa dei conducenti, altre volte con il loro benessere. Secondo il governo britannico, in dodici mesi tra il 2012 e il 2013, sono stati bloccati undicimila accessi illegali. Secondo fonti giornalistiche inglesi, nel 2012 la polizia di frontiera di Sua Maestà ha intercettato ottomila migranti irregolari nascosti in camion. Sempre le stesse fonti stimano che le gang di trafficanti riescono a fare entrare almeno 30 migranti ogni giorno dalla sola Calais.

Trasportavo marijuana dall'Olanda al Regno Unito, attraverso il Belgio e la Francia. In auto e via mare. Io la portavo solamente, la consegnavo a mio cugino, a Londra, che è un pezzo grosso, e lui pensava al resto. Insieme gestivamo il mercato di Brixton, a sud della City. Questo mi ha permesso di capire le rotte e i metodi per occultare la merce. Poi però mi sono fatto sette anni di carcere a Calais. Ero appena arrivato in questo posto quando durante un controllo mi hanno aperto il baule della Ford...

Ho deciso di rimanere a Calais, anche se la polizia francese mi conosce. Devo stare molto attento e la maggior parte delle volte preferisco lavorare fuori dalla città. Io opero con persone scelte con attenzione. La mia è una rete piccola, dai numeri ancora non troppo alti, ma è all'inizio. Se sceglierò sempre le persone giuste potrà crescere.

Con me collabora un afgano con passaporto inglese che vive a Londra e un tassista francese che fa la spola tra Calais e Dunkerque, che ogni tanto si offre per trasportare migranti. E decine di camionisti inconsapevoli, nel cui carico durante la notte infilo gruppi di tre o quattro persone. Se lo scanner termico della polizia inglese non individua il «contenuto», riesco a farli sbarcare sull'isola.

Una sera incontriamo anche il tassista, il collaboratore francese di Tom. Si presenta stringendoci la mano, ma non dice il suo nome. È uno giovane, sui trent'anni. Viene da un paese distante un centinaio di chilometri da Calais. Sorseggia una Stella Artois in bottiglia, ha la faccia da bravo ragazzo. L'aria distratta e timorosa allo stesso tempo, si guarda attorno spesso. La sua auto è parcheggiata lì, chiede che non si sappia nemmeno il modello o la marca. Ha paura di essere riconosciuto.

Lui e Tom ci raccontano che reclutare migranti nella zona di Calais non è difficile. Basta sedersi in un caffè sulla piazza centrale, vicino al porto, e aspettare, osservare. Presto si vedono transitare gruppetti di afgani, albanesi, eritrei e sudanesi. Oppure attendere la distribuzione dei pasti caldi che alcune associazioni locali, come La Belle Étoile, fanno regolarmente proprio dietro le banchine.

I punti di raccolta di chi vuole andare in Inghilterra illegalmente sono più o meno sempre gli stessi anche se negli ultimi mesi, complici i controlli della polizia francese, i migranti non dormono più dove erano soliti in passato. E si sparpagliano nei tanti paesini lungo la costa. Vengono a Calais o a Dunkerque solo quando tentano il passaggio. Una volta a Calais c'era la Jungle, un accampamento nel bosco vicino al porto dove afgani e curdi avevano costruito tende e baracche. Oppure c'era l'African House, una fabbrica dismessa vicino alla stazione dei treni. Ora non c'è più nulla. I *flics,* i poliziotti, hanno ripulito la città, costringendo gli irregolari a nascondersi lungo la costa. Calais è come nuova, ma solo apparentemente perché, nonostante i fitti controlli, i migranti cercano ancora ogni giorno di partire. E hanno bisogno di gente come Tom.

Il business è istinto

Faccio questo nuovo lavoro da pochi mesi. Non è un gioco questo, è un affare di merda... Non è facile far passare i migranti, i fallimenti non si contano. C'è il problema che molti clienti non pagano prima del passaggio: hanno paura di anticipare soldi perché potrei scappare col bottino. A volte alcuni *smuggler* lo fanno.

Una famiglia di albanesi stava provando a fregarmi, si era lamentata dicendomi che il ragazzo che avevo fatto passare è finito in prigione. E io ho detto loro: «Cari, è in Inghilterra per cui pagatemi e zitti. Non me ne frega nulla se si è fatto prendere: io garantisco il servizio, una volta lì, sono fatti suoi».

Io mi sono già fatto sette anni di carcere, non ho paura di un cazzo: se quelli non mi danno i soldi, vado a casa loro e me li prendo...

Qualche tempo fa un albanese è venuto da me proponendosi come collaboratore. Voleva fare da intermediario tra me e i suoi connazionali. Gli ho risposto che non avevo bisogno di dividere il guadagno con lui.

Quando i miei occhi sono chiusi vedo lo stesso quello che succede. Si chiama istinto, se io mi tappo le orecchie sento lo stesso quello che succede. Io ho scelto questa vita, sono libero di fare ciò che mi pare. Domani è sempre un giorno diverso. La mia vita è istinto. Albanesi del cazzo che non parlano una sola parola di inglese! Come fai a lavorare con loro? L'altra notte stavo cercando di far passare tre di loro. Erano miei clienti. Sai come funziona, no? Vado nella piazzola di sosta dei camion, individuo quello giusto cioè quello che va in Inghilterra e quello in cui è facile salire. E poi faccio entrare di nascosto i ragazzi. Solo che prima devi tagliare il cavo di protezione del telone. È come una fascetta che assicura che il camion non sia stato aperto, e la merce è al sicuro, capito?

Avevo quella cazzo di cesoia in mano, che pesa tantissimo, inizio a tagliare, ma da solo non ci riesco. Allora dico sottovoce a uno degli albanesi di tirare il cavo dal lato opposto e stare pronto al taglio. L'albanese non capisce un cazzo, gli parlo piano piano scandendo le parole, gli dico: «*Hey you, mate, hold on here, here...*». E quello non capisce niente, gli dico «*here*» e lui mi guarda come fossi un marziano, e neanche posso urlare sennò l'autista si sveglia... Alla fine devo fare tutto da me e tiro quel cazzo di cavo. Tiro e tiro e mi slogo quasi una spalla e quando lo taglio, mi arriva una frustata in faccia che non ti dico...

Tom porta ancora i segni della ferita al mento. E un paio di cerotti alle dita. L'irlandese passa molto tempo seduto al solito caffè nella piazza a osservare l'andirivieni, a studiare i ragazzi che passano, quelli nuovi, quelli appena arrivati. Pronto a sfruttare la costante richiesta di migranti che sognano il Regno Unito. Pronto a intercettare quei sogni e a trasformarli in opportunità. Quindi denaro.

Tom non ha vita facile a Calais, la concorrenza è molto competitiva da quelle parti. È la dura legge del mercato. Il suo competitor più agguerrito è il giovane e astuto Fahruddin, a capo della rete dei curdi. Fahruddin è per metà iracheno, con permesso di soggiorno in Inghilterra dal 2007. È molto noto alle cronache, anche il celebre quotidiano britannico «Daily Mail» si è occupato a lungo di lui. I metodi utilizzati sono gli stessi del rivale Tom: i camion commerciali che da Dunkerque viaggiano fino a Dover attraversando la Manica via traghetto. È lì dentro che il nostro *smuggler* stipa i migranti. Il suo tariffario è assai oneroso, dai 2000 ai 6000 dollari, a seconda della prestazione offerta. Anche in questo caso l'autista può essere complice o all'oscuro di tutto. Quando il camionista è consenziente, il servizio è più costoso per il migrante ma anche più sicuro. In entrambi i casi, l'operazione si svolge lontano dalla zona portuale, dove i controlli delle autorità sono meno serrati. Tom, il burbero irlandese alle prime armi, e Fahruddin, scafato *smuggler* curdo, si giocano la partita nelle aree di parcheggio per camionisti lungo l'autostrada A26, l'Autoroute des Anglais.

La notte Tom e il tassista francese complice vanno a prendere i clienti. Dal centro di Calais si spostano sulla A26. Quello è il momento più delicato: se la polizia li ferma, finiscono dentro per favoreggiamento. «È lì che me la faccio sotto» ci confida Tom. Poi, una volta che l'auto si ferma sulla piazzola e i migranti vengono scaricati, l'adrenalina, la paura svanisce. Il peggio è passato. Certo, c'è da attraversare l'autostrada di corsa e al buio per andare a cercare il camion giusto.

Una volta che il migrante riesce a infilarsi in un mezzo è a un terzo dell'operazione. E questo lo sanno fare, o meglio provano a farlo, anche i più squattrinati, costretti ad affidarsi al fai da te. Ogni notte, a gruppetti di due o tre, individuano un camion e ci si nascondono dentro. La maggior parte delle volte l'impresa finisce in disastro, c'è chi sbaglia camion e si ritrova in Olanda o, peggio ancora, in questura, dopo che l'autista li trova e chiama la polizia.

Scopriamo che Fahruddin e Tom hanno ognuno una strategia personale per eludere i controlli. Il curdo riempie dei sacchi a pelo di ghiaccio e ci infila dentro i migranti, così da renderli «invisibili» allo scanner termico. Tom invece racconta di aver trovato un modo infallibile: avvolgere i suoi clienti con rotoli di alluminio, quelli argentati da cucina, per intenderci. Certo è che non solo le tecniche ma anche i profitti dei due sono ben differenti. Secondo un'inchiesta del «Daily Mail», Fahruddin fa entrare illegalmente nel Regno Unito circa cinquemila persone l'anno. Al minimo di 2000 euro a testa fa un fatturato annuo di 10 milioni di euro.

La filosofia del Missionario

In fuga dalla guerra

Félicien ha il volto sereno. Le gambe stanche, i piedi dolenti e gli occhi che brillano di speranza. Ha camminato tanto e il viaggio sul trasporto pubblico da Goma a Rutshuru è lungo e faticoso: il cassone di un camion sgangherato, con capre e galline, sacchi di farina e carbone e altri cinquanta passeggeri, tra cui alcuni miliziani armati dall'uniforme logora. Siamo nella Repubblica Democratica del Congo.

Il camion dalle lamiere arrugginite è rimasto fermo due ore al checkpoint dei ribelli di M23, appena fuori dal capoluogo della provincia del Kivu Nord. Poi l'ultimo tratto fino a Bunagana, frontiera con l'Uganda, se l'è fatto a piedi. Ha camminato di notte, lui e il suo zainetto. Dentro c'è tutta la sua vita. Due paia di mutande, un pantalone, una camicia nera lucida e un paio di scarpe buone. Ai piedi ha un paio di infradito azzurre dalla suola consumata. Nella tasca anteriore dello zainetto, una busta con il passaporto e un foglietto con un nome e un numero di telefono da chiamare una volta raggiunta Kampala. P.M. sono le iniziali di un missionario congolese che ha una chiesa proprio nella capitale dell'Uganda, nel quartiere di Makindye. P.M. è di Bukavu, come Félicien. È lì, sulle sponde del lago Kivu, che il ragazzo ha sentito parlare per la prima volta di lui. P.M. è quello che fa arrivare la gente in Europa. Europa, quella dei *bazungu* (bianchi europei), delle ville, dei suv, delle tasche piene di soldi «fatti» proprio da loro, delle birre che ne bevi quante ne vuoi e di carne che ne mangi quanta ne vuoi. Mica come qui, a rompersi la schiena portando sacchi di farina sul *chukudu*, un monociclo di legno da trasporto, e prendere cinque dollari al giorno se va bene. Félicien pensa a quanti bocconcini di carne potrà mangiare in Europa. Mica come adesso, che al Petit Resto Chez Chou Chou ordini tanta manioca con solo il sugo della carne. Così che lo stomaco si gonfia bene e sei apparentemente sazio. Ma non soddisfatto, quello no. Félicien sarà soddisfatto solo quando sarà in Europa. E solo P.M. lo può fare arrivare così lontano. Félicien è uno dei tanti clienti di P.M. Siamo nel cuore dell'Africa nera, un'Africa ricca di minerali preziosi, inasprita da decenni di conflitti, inesorabilmente segnata dalla massiccia presenza di gruppi armati e intrisa di una forte spiritualità e religiosità.

Il viaggio che affrontiamo questa volta è faticoso e non privo di rischi. Il Kivu è zona di guerra da vent'anni. Conflitto a bassa intensità, lo chiamano: sparatorie tra gruppi ribelli o tra ribelli e governativi, tiri di mortaio impazziti, improvvise accelerazioni negli scontri. E centinaia di migliaia di persone fuggono e vanno ad affollare i numerosi campi profughi. Partiamo per Kigali, Ruanda, ai primi di aprile del 2013. Da lì prendiamo un autobus per la frontiera congolese. Tre ore e mezza sulle strade ruandesi appena asfaltate dalle aziende cinesi. Un paradiso, rispetto alle strade del Kivu che percorreremo di lì a pochi giorni. Non è semplice raggiungere la nostra meta. In questa terra di confine ci siamo arrivati grazie all'appoggio di un giornalista locale. Alla frontiera tra Ruanda e Congo, come al solito strapiena di lavoratori, incontriamo il nostro contatto. Il saluto è caloroso come sempre: due baci sulle guance e le fronti che si toccano alla fine.

Poche chiacchiere fra noi. Il tempo di sorseggiare una birra Mutzig, gustare un paio di spiedini di capra, e poi dritti a visionare il fuoristrada per il viaggio. Deve essere in buono stato: andremo nella zona dei ribelli di M23, a nord del capoluogo Goma. Per Bunagana sono quattro ore circa di viaggio su una pista spesso in pessime condizioni. Il terreno è vulcanico, durissimo, pieno di buche e sassi taglienti, capaci di spaccare i semiassi o lacerare le gomme in un attimo. Il veicolo deve essere in buono stato, non può tradirci. Se scoppiano scontri dobbiamo essere in grado di dileguarci alla velocità della luce. Governativi e ribelli congolesi sono grandi combattenti, ma poco disciplinati e spesso poco preparati. Finire nel caos del fuoco incrociato è la cosa peggiore che possa capitare.

Qualche settimana prima della nostra partenza da Milano è stato un amico giornalista congolese a darci questa dritta, a segnalarci questo importante traffico di uomini che vede al centro uno strano personaggio. Abbiamo esitato giusto qualche ora, poi ci siamo fiondati su internet per trovare un biglietto aereo e rivedere le trafile necessarie per i visti.

Qui, nella Repubblica Democratica del Congo e poi al confine con l'Uganda, andremo a scoprire come un potenziale immigrato irregolare, una potenziale vittima o cliente, se preferite, diventi un criminale, uno sfruttatore.

Da vittima a carnefice

P.M. è l'esempio di come nello *smuggling* il confine tra chi usufruisce del servizio e chi lo offre è spesso molto, molto labile. Specie quando il grimaldello usato per passare le frontiere è la guerra. O meglio, la conoscenza della guerra. Niente yacht, niente gommoni o barconi. Niente camion o passaggi notturni di frontiera. Da qui si va in Europa grazie alla conoscenza di una guerra infinita. P.M. la conosce così bene perché ne è scappato a suo tempo. Ora, grazie al conflitto che non finisce mai, la sua carriera di *smuggler* è definitivamente affermata. A volte, infatti, il talento è nella capacità di trasformarsi da potenziale cliente a eccezionale trafficante, con grande naturalezza.

P.M. ha trentacinque anni e con l'aiuto di Dio farà arrivare anche Félicien in Europa. Per arrivarci ci metterà molto tempo, questo lui lo sa già, anche cinque anni, ma alla fine ce la farà. Per la sua grande fede nello *smuggler*. P.M. è un missionario. Mica per dire, è un Missionario vero ma con la «M» maiuscola. È un prete, non ha mai preso ufficialmente i voti, ma ha la sua chiesa a Kampala. In un quartiere della capitale ugandese affollato di rifugiati, ha fondato una chiesa protestante, frequentata da parecchi fedeli congolesi che scappano dai conflitti. Sono di Maniema, di Masisi, di Rutshuru, lì dove ci sono i ribelli e dove infuriano i combattimenti. Se fuggi da quelle zone, è facile fare richiesta alle autorità ugandesi per avere lo status di rifugiato. Poi c'è tutta la procedura con l'Unhcr, l'agenzia delle Nazioni unite per i rifugiati. Ma il primo step è il colloquio con i poliziotti di Kampala. E lì entra in gioco P.M., il Missionario. P.M., il boss dello *smuggling* dal Congo all'Europa. Ma non chiamatelo così, a lui piace essere chiamato semplicemente «il Missionario». Lui, in fondo, fa del bene.

Félicien passa facilmente il lato congolese della frontiera di Bunagana. Nessuno lo controlla con attenzione. Basta allungare 2000 franchi congolesi, circa due dollari. Ai ribelli di M23 non interessa un giovane con un solo zainetto sulle

La filosofia del Missionario 105

spalle. Certo, glielo controllano, ma svogliati. Non trovano i soldi, perché il Missionario gli ha spiegato a che ora passare da Bunagana e dove nascondere i dollari. Da quelle parti bisogna passare quando c'è ressa, in tarda mattinata, con la folla carica di merci sulle spalle. E lui, Félicien, passa quasi inosservato. Si volta indietro un'ultima volta, osserva il miliziano ribelle che controlla altre persone in transito e saluta il Kivu Nord e il suo Congo. Ora va in Uganda dal Missionario, che lo aspetta. Va a Kampala, due ore di autobus su una strada asfaltata. E poi in Europa.

Il Missionario ha orari piuttosto rigidi. Va a letto ogni sera alle ventidue e si alza alle sei del mattino. Appena sveglio beve un tè, fa la doccia e controlla email e telefonate sui suoi tre telefoni. Due con doppia sim card. Il Missionario ha cinque numeri diversi. Il Missionario parla con Dio quando tiene messa a Kampala e parla con i clienti che vogliono andare in Europa. Insomma, parlare fa parte del suo mestiere e del suo essere.

Una volta controllata la posta e gli sms, si infila i jeans a vita bassa che lasciano intravedere biancheria bianca e fresca di pulito, scarpe di cuoio a punta lucidissime e camicia colorata. Più volte al giorno si ferma dai lustrascarpe per averle sempre pulitissime e lucide. Ci tiene al suo look, il Missionario. Ci tiene anche a piacere alle donne. È fidanzato, ma spesso intesse relazioni con le giovani fedeli che assistono alle sue prediche. Tutte congolesi, spesso di etnia hunde come lui. Oltre al luogo di fede, ha aperto anche un centro di accoglienza per i piccoli rifugiati congolesi nello slum di Kampala. Lì si prende cura di loro e intanto si prende cura dei dossier di tanti clienti. Sì, perché lì cura i figli dei clienti che ha già aiutato ad andare in Europa. E che i familiari stessi sostengono con 100 dollari al mese, mandati via Western Union.

La guerra: un vero affare

È da qui che il nostro uomo sostiene la rete e il traffico. È a Kampala, in Uganda, dove arrivano migliaia e migliaia di rifugiati congolesi ogni anno. Si tiene costantemente aggiornato sui tanti movimenti ribelli e sugli scontri. Sa quali sono le «zone calde» del Congo. E se le conosci sai cosa dire alla polizia ugandese: «Vengo da Kitchanga, sì, la città dove c'è stata la strage. Sì, si continua a combattere, c'è ancora la caccia all'uomo. Voglio scappare, non sono più al sicuro lì...».

Secondo stime che riusciamo ad avere tramite chi lo conosce molto, molto bene a Kampala, il Missionario avrebbe facilitato il viaggio di almeno mille congolesi in pochi anni. Di questi, tanti non avrebbero avuto titolo perché non fuggivano da «zone calde», non venivano da Kitchanga, o da Rutshuru, nel Kivu Nord, lì dove gruppi ribelli a guida tutsi infiammano periodicamente la regione. Venivano da altre zone, alcuni dalla capitale Kinshasa o addirittura dal Congo Brazzaville. Perché una volta a Kampala, il tuo passaporto lo dai al Missionario, che lo fa sparire e ti aiuta a ricostruirti una nuova identità. E una nuova storia da consegnare alle autorità ugandesi.

Il Missionario usa un canale ufficiale, quello dei richiedenti asilo, ma aiuta a falsificarne lo status. La sua «rete» è fatta di collaboratori nella Repubblica Democratica del Congo e da «amici» nella polizia ugandese. «Amici» che vanno pagati. Lui conosce assai bene anche le tante ong ugandesi che si occupano dei rifugiati. D'altra parte lo è anche lui: ha vissuto fino al 2007 nel campo di Kyaka, dove all'epoca c'erano ottomila congolesi. Poi si è spostato a Kampala e lì si è diplomato in Pedagogia, cosa che gli consente di gestire il centro di accoglienza per minori. La conoscenza delle procedure di richiesta d'asilo, della burocrazia ugandese, ha consolidato la sua posizione.

Il Missionario è un attore formidabile, che deve la sua fortuna, la sua carriera e la sua Mercedes nuova (oltre a un Pajero del '95 e tre motociclette) alle conoscenze e all'esperienza. Non è uno scafista, non è un *passeur*, è un incredibile tessitore di trame, di relazioni, di amicizie spesso prezzolate. E soprattutto si tiene aggiornato sull'evoluzione della crisi umanitaria congolese. Perché finché ci saranno nuovi gruppi armati, finché ci saranno ribellioni tutsi, finché nasceranno nuove milizie Maj Maj, allora vi saranno nuovi sfollati. Nuovi rifugiati, a cui rubare la preziosa identità e la tragica storia. Allora qualcuno impersonerà il vicino di casa di Madame «Double sim» di Kitchanga, quella donna barbaramente uccisa da una raffica di kalashnikov durante un attacco alla città. Quella sulla cui tomba il giovane marito ha pianto a lungo. Quella che gestiva il miglior ristorantino di Kitchanga. Se citerai queste cose, se racconterai questi particolari, quegli spiedini di capra e la birra Mutzig un po' calda perché il generatore spesso non va, se citerai altri tre nomi che il Missionario ti dirà, tre nomi assai noti a Kitchanga; se poi ricorderai il 27 febbraio 2013, la data della strage da parte dei soldati governativi (una brutta storia, quella, una storia di colonnelli antagonisti, di due milizie che lottavano per il controllo di un territorio troppo piccolo)... ecco, se citerai tutto questo, non dimenticando padre Faustino Mbara di Kitchanga (un bravo prete, lui), come potrà il poliziotto ugandese non credere che sei di Kitchanga? Come mai potrà?

I passi che il Missionario permette al migrante di compiere hanno ognuno un prezzo specifico. L'introduzione del dossier alla polizia ugandese costa dai 100 ai 150 dollari a persona. Seguire i documenti e il cliente dalla polizia all'organizzazione umanitaria InterAid da 150 a 200 dollari. L'intero processo (che dura fino a tre anni) per espatriare verso uno dei tre paesi che si possono indicare, da 5000 fino a 8000 dollari, nel caso di accelerazione del processo stesso. Questo è il prezzo da pagare per una nuova vita.

Il documento del richiedente asilo passa a Kampala attraverso varie mani prima di arrivare in quelle dell'Unhcr. Polizia di frontiera, Dipartimento dei rifugiati presso l'ufficio del primo ministro, ong come Refugee Law Project o InterAid, che in collaborazione con Unhcr verificano i dati relativi ai richiedenti asilo.

Secondo le testimonianze raccolte, il Missionario è ben introdotto, riesce ad agevolare i dossier, e soprattutto sa che cosa far dire ai suoi clienti per «passare l'esame».

Il Missionario è in un'ottima posizione oggi. Di congolesi e ugandesi che vogliono andare in Europa ce ne sono a migliaia. Quando lui è stufo di Kampala, torna nel Kivu Sud, a Bukavu, dove ha comprato parecchie case.

Félicien è arrivato a Kampala con 2500 dollari nascosti dentro la suola delle scarpe. Entro un anno potrà raggiungere il fratello in Inghilterra. Il Missionario continua il suo business. Tra una messa e una tangente a qualche funzionario ugandese.

Lo smuggling in tre mosse

Tour su misura

Il traffico di migranti si articola in tre momenti ben distinti: il reclutamento, il trasferimento e l'ingresso nel paese di destinazione. Un copione criminale di cui è essenziale non saltare nemmeno un passaggio. Proprio il reclutamento è la fase, per così dire, «commerciale» della potente e organizzatissima agenzia di viaggio illegale. È lo stesso agente che fa volantinaggio, che fa pubblicità con le super promozioni per l'Europa, che allestisce la vetrina con le irrinunciabili offerte per passare il confine, che confeziona il dépliant con tutte le rotte e le possibilità per cambiare vita. E con tutti i prezzi.

Non hai denaro, ma vuoi o devi partire lo stesso? C'è l'offerta «base»: il minimo indispensabile a prezzi popolari. Avrai assistenza su singoli passaggi illegali quando non riesci a fare da te, solo su tua richiesta e quando ti serve. Certo, le rotte sono un po' accidentate e defilate (non sarà possibile corrompere doganieri a queste tariffe) e i mezzi di fortuna. Starai un po' scomodo, userai tanto le gambe e forse rischierai. Ma bisogna accontentarsi, il rapporto qualità-prezzo, in fin dei conti, è equo.

Puoi permetterti qualcosa di più e vuoi raggiungere l'Europa partendo da molto lontano? Il «tour di gruppo», allora, è l'ideale. Non è un servizio lussuoso ma è comodo, funzionale e permette di coprire lunghe distanze. Pensa a tutto l'agenzia: agli spostamenti e alle soste; al vitto e all'alloggio; ai trasporti, via terra e mare. Nessuna contrattazione in nessun luogo, sarà sempre l'agenzia a negoziare e a spuntare i prezzi migliori dai fornitori locali. In ogni nazione ci sarà un accompagnatore, una guida. Certo, si viaggerà in compagnia di altre persone, magari sconosciute. Sarete in molti e forse di tanto in tanto la situazione potrebbe diventare un po' caotica, scomoda o pericolosa. Anche il pagamento del compenso può essere ritagliato su misura. Si può anticipare tutto alla partenza con la possibilità di ritentare in caso di insuccesso. Oppure, versare la metà subito e saldare il resto a destinazione raggiunta o anche scegliere il pagamento a rate, trovando prima una qualche forma di garanzia.

Ti puoi permettere ancora di più, sei abituato a trattarti bene e hai fretta? Vuoi viaggiare comodo in aereo e da solo o con i tuoi cari? D'accordo. L'agenzia fornirà un'identità falsa e un documento contraffatto. Un titolo di viaggio, vero, ovviamente, collegato a quell'identità. Quando arrivi, se necessario, ti possiamo far trovare anche un'automobile per scomparire prima possibile. Vuoi un biglietto aereo di prima classe? Nessun problema. Facci solo sapere in quale paese vuoi entrare, perché i prezzi variano. Il conto potrebbe essere salato ma il lusso, la comodità e la sicurezza di arrivare a destinazione si pagano.

Agenti di viaggio

Non è uno scherzo. Il reclutamento comincia così, con la vendita dei «pacchetti» nei paesi da dove si vuole fuggire. È lì che il migrante prima accarezza e poi abbraccia l'idea di cambiare vita e arrivare in Europa. Così paga (spesso, ma non sempre, in anticipo) un prezzo per essere trasportato fino alla destinazione scelta: Italia, Francia, Norvegia.

Come spiega un rapporto del 2011 dell'Ufficio delle Nazioni unite contro la droga e il crimine, i metodi utilizzati per reclutare clienti variano a seconda del paese di origine. Il passaparola tra parenti e amici, ad esempio, è usato soprattutto dagli *smuggler* orientali. I trenta-quarantamila clandestini cinesi che, secondo il governo degli Stati Uniti, arrivano illegalmente nel paese ogni anno con l'aiuto dei trafficanti sono reclutati così. Esistono poi, e non si tratta di una metafora, le «agenzie di viaggio» legali o semilegali, che organizzano il trasporto del migrante. È il caso di alcune organizzazioni criminali turche o, ancora, di alcuni tour operator che fanno *smuggling* dall'Africa occidentale. Le «agenzie di viaggio» giocano un ruolo significativo soprattutto nel caso dello *smuggling* per via aerea. Gli episodi venuti alla ribalta in diverse parti del mondo sono numerosi. Capita che queste agenzie turistiche mescolino viaggiatori regolari con i clandestini. Ci sono pure esempi, anche se rari, di agenzie che hanno organizzato appositi voli charter e si conoscono anche casi di gruppi criminali organizzati diventati proprietari di società di viaggi. È un fenomeno che già diversi anni fa l'ex procuratore nazionale antimafia, Piero Luigi Vigna, suggeriva di monitorare attentamente, lamentando come la mancanza di procedure centralizzate di autorizzazione e controllo nazionali delle agenzie di viaggi in alcuni paesi dell'Europa dell'Est rappresentasse una grande falla da cui far passare i traffici di clandestini.

Fondamentali sono poi i contatti diretti con reclutatori e membri dell'organizzazione. A questi è assegnato esplicitamente il compito di trovare persone che vogliano lasciare il loro paese per cercare fortuna all'estero. Sono i cosiddetti «agenti commerciali» e possono essere più di uno. Anzi, spesso ciascuna organizzazione ne possiede diversi, ognuno ha una certa area di competenza sul territorio: un villaggio, una parte della città, una regione.

La fase di reclutamento è fatta anche di annunci sui quotidiani locali, alla radio, online che pubblicizzano i contatti delle agenzie di viaggio o quelli di intermediari e *smuggler*. Oggi internet è sempre più usato, non solo per il reclutamento dei clienti, ma anche per quello degli agenti. È del luglio 2013 la notizia della condanna a sette anni di carcere negli Stati Uniti di un grande trafficante, José Gustavo Díaz-Velázquez, membro di un cartello colombiano di rilievo, il Cartello del Golfo, che reclutava i suoi *coyotes*, le guide che accompagnano i clandestini nel passaggio della frontiera tra il Messico e gli Stati Uniti, sul famoso sito di annunci Craigslist.

Le inserzioni, secondo la polizia di frontiera, servivano per ingaggiare piloti per il trasporto di immigrati attraverso la valle del fiume Rio Grande. I messaggi pubblicati online riconducevano, infatti, a un appartamento nella città texana di McAllen, di proprietà della moglie di Diaz.

El Douly, invece, si avvale di agenti reclutatori nei villaggi dell'Alto Egitto. «Scovo persone andando a cercare i familiari di gente che è già arrivata in Europa. Che ha toccato con mano la realtà di questo business. Offro loro di guadagnare più soldi di quelli spesi dal fratello per andare in Italia perlopiù rimanendo con la sua famiglia qui in Egitto. Scelgo l'agente in base alla religione dominante del villaggio, cristiana o musulmana» spiega. E qui torniamo alla fiducia su cui si fondano i gruppi criminali, che può essere su base etnica o, in paesi con diverse fedi, anche religiosa. La comunità cristiana copta è molto numerosa in

Egitto, ma non è la maggioranza se non in alcuni villaggi. È meglio quindi che l'agente reclutato professi la fede della fetta più grande della popolazione. Sarà perciò cristiano in un villaggio a maggioranza cristiana, musulmano in un centro a maggioranza musulmana.

E poi c'è l'aspetto psicologico e a tal proposito El Douly ha una strategia precisa: «Li prendo con un carattere pauroso, che non sappiano nulla tranne ciò che accade sul territorio. Non deve essere gente troppo sveglia. Li pago bene perché sono loro che mi fanno arrivare tutto il denaro nelle tasche. Meglio garantire una buona commissione. Se loro sono grati, il lavoro va bene. Molti hanno provato a fregarmi. Non sono sempre il gentleman che vedete ora...».

In generale, la maggior parte dei migranti che abbiamo incontrato negli ultimi sei anni racconta di aver usato il passaparola per arrivare a uno *smuggler*. Anche nei più piccoli e sperduti villaggi sulle montagne tra Afghanistan e Pakistan, quando una persona vuole partire, sa perfettamente a chi rivolgersi. Basta spargere la voce. C'è sempre qualcuno che conosce qualcun altro che si è già rivolto al tizio in questione. Oppure è sufficiente e anche rassicurante chiamare in Italia, dove altri connazionali, che hanno già affrontato il viaggio e usufruito dei servizi, spiegano chi contattare. Nella fase di reclutamento è fondamentale la fiducia che la gente ha del trafficante. Se uno *smuggler* è conosciuto per essere uno che porta le persone a destinazione, è facile che il suo business aumenti. Se il trafficante «fallisce» troppi viaggi, i clienti si rivolgeranno ad altri.

È la dura legge del mercato: se una compagnia di viaggi, un'agenzia, un tour operator non soddisfa per il servizio offerto, alla fine la gente va altrove. L'ha spiegato bene proprio El Douly che la cosa più importante è aver cura dei clienti. A lui in alcune zone dell'Egitto baciano le mani, in altre lo vorrebbero morto. A volere la sua testa sono ovviamente i parenti dei ragazzi che erano a bordo delle barche affondate in mare e che non ce l'hanno fatta ad arrivare in Europa.

Il trasferimento

Lo slogan di una società leader mondiale nel campo delle spedizioni merci recita: «*Sure we can*». Pacchi, pacchetti e documenti in poche ore dall'altra parte del mondo. Per le merci non ci sono frontiere invalicabili. Stessa cosa per gli *smuggler*: è qui che entra in gioco il loro talento imprenditoriale.

La fase del trasferimento, del viaggio, può essere lunga e complessa, specialmente quando i migranti vengono da paesi molto distanti dalla loro destinazione finale e devono attraversare numerose frontiere. Qui il trafficante deve mettere in campo tutte le sue doti e deve rivolgersi a colleghi ugualmente competenti.

Babu Singh è un giovane indiano di ventisei anni originario del Punjab, una regione incastonata nel Nord del paese al confine con il Pakistan. Oggi è tornato a vivere nel suo paese, dopo alcuni anni di permanenza in Spagna. Lo abbiamo incontrato a Ceuta nel giugno del 2008. Si era rivolto nel giugno di due anni prima a un trafficante del Punjab, il quale gli aveva prospettato il servizio: 10.000 euro ed entro un mese ingresso in Europa garantito. «Tranquillo, si può fare» gli ha detto. Così, con passaporto e con regolare biglietto, lo ha fatto volare fino a Addis Abeba, in Etiopia, e poi di lì a Bamako, in Mali, dove un altro trafficante lo ha preso in consegna per la parte più impegnativa del viaggio, quella verso nord. È da quel momento in poi che i passaporti non bastano più.

Babu e altri indiani che hanno percorso la stessa rotta durante quegli anni si sono rivolti ad almeno tre *smuggler* diversi. Un maliano, un algerino e un marocchino. Più l'indiano di partenza. Quattro trafficanti per altrettante tratte a cavallo di ben tre continenti.

I migranti possono rimanere per mesi in «paesi di raccolta», relativamente sicuri, prima di essere spostati. Gli indiani con cui abbiamo parlato, ad esempio, sono stati due mesi a Bamako, ma non sanno assolutamente dove. «Una casa da qualche parte» nella capitale. Veniva dato loro cibo e acqua, ma senza esagerare perché al trafficante interessa solo che il cliente sopravviva. Servizi aggiuntivi non sono previsti. «A un certo punto mangiavamo la sabbia» ricorda Babu ripensando alla traversata del deserto verso nord, in direzione delle coste del Nordafrica. «Il viaggio è stato un vero incubo, di notte, di giorno, sabbia ovunque. Durante il viaggio sono morti due miei compagni. Li hanno infilati in due sacchi e li hanno lasciati lì tra le dune. A quel punto erano solo un peso.»

I trafficanti usano diversi mezzi di trasporto: automobili, camion, camper, furgoni, gommoni o natanti, addirittura aeroplani. Alcuni tratti del viaggio possono essere legali, nel senso che le frontiere vengono passate regolarmente. Per i nordafricani ottenere un visto per Istanbul e un volo per la Turchia non è difficile. Acquistare un volo per l'Europa però è impossibile poiché serve anche un visto d'uscita. Pertanto, quella del trasferimento è una fase molto lunga e complessa.

Babu Singh, Gurjit e altri compagni indiani si sono nascosti nella foresta di Nador, che domina Ceuta, nel loro accampamento di fortuna. Dopo due anni passati nel centro di accoglienza per migranti della città spagnola. Ceuta – come Melilla – è una enclave spagnola in territorio marocchino. È Europa, ma non appartiene allo Spazio Schengen. Per cui, una volta dentro, sei tecnicamente nel

Vecchio continente, ma sei in realtà prigioniero di quel «pezzetto» di terra incastonato in Marocco.

Anche recentemente, il 17 e il 18 settembre 2013, più di cento migranti africani subsahariani hanno assaltato le doppie reti di protezione della cittadina. E molti di loro sono entrati. Un arrembaggio all'Europa, né più né meno. Le prove generali dell'assalto alla fortezza risalgono al 2005: anche lì, per mesi, entrarono decine di migranti. Tredici di loro, di cui quattro a Ceuta, morirono uccisi dalla polizia spagnola e marocchina che aprì il fuoco più di una volta. Negli ultimi anni in entrambe le città autonome si contano svariati incidenti in cui i migranti sono morti cadendo dalle reti a cinque metri di altezza, dilaniati dal filo spinato.

Quando i migranti riescono a entrare (sempre più raramente) in quei due scampoli di Spagna in terra africana e vedono sventolare le bandiere giallorosse sono al settimo cielo, poi scoprono l'inganno. Così come Babu, che entrò a Ceuta nel 2008 chiuso dentro al cruscotto di un'auto condotta da uno *smuggler* marocchino. Di lì a pochi mesi, bloccato nel centro di accoglienza e poi nella foresta, ribattezzò l'enclave: «La dolce prigione».

Durante il viaggio i trafficanti di uomini possono contare, l'abbiamo visto, sull'appoggio di ufficiali pubblici corrotti, di albergatori, di individui che forniscono loro vitto e alloggio. Cataldo Motta, capo della Procura della Repubblica presso il Tribunale di Lecce, spiega che «è un po' come era il contrabbando qui in Puglia tanti anni fa. La gente che fa finta di niente, che aiuta i trafficanti anche con piccoli servizi, magari perché non si accorge del disvalore della sua condotta, rappresenta una risorsa enorme per i trafficanti. Nella fase del trasferimento, come in quella dell'arrivo a destinazione, i trafficanti hanno bisogno di questa materia prima: le connivenze, gli appoggi, i posti dove tenere le persone. E questa gente che chiude un occhio non si accorge del contributo determinante che dà».

Se poi a un poliziotto che chiude un occhio si aggiunge un passaporto falso ben realizzato, il gioco è fatto. Si possono infatti usare documenti contraffatti durante il viaggio. Alcune organizzazioni cinesi e albanesi in queste tecniche sono maestre. I primi nello scambio di persone in quel gigantesco limbo che è l'area transiti dei grossi aeroporti in Europa (ma di questo parleremo specificamente più avanti), i secondi nella creazione di false carte di identità.

Ingresso libero

Il momento più importante, l'atto topico dello *smuggler*, la sua vittoria, è quando il migrante varca l'ultima frontiera. Osservare il sorriso del poliziotto alla dogana di Malpensa che ti restituisce il passaporto e ti fa passare, socchiudere gli occhi quando si apre il bagagliaio dell'auto in cui sei stato nascosto per ore e scoprire che tutto ha funzionato e che sei sbarcato al porto di Bari eludendo i controlli. Essere avvicinati dal guardacoste nei pressi di Lampedusa dopo giorni e notti alla deriva o calpestare la sabbia delle spiagge salentine mentre lo yacht di lusso ormeggia ad alcune centinaia di metri dalla battigia pronto a tornare in Turchia, dopo sei giorni di navigazione. L'intera macchina dei trafficanti lavora per quel momento. È lì che si perfeziona l'accordo, il contratto tra migrante e trafficante. È lì che lo *smuggler* trionfa: ha fatto passare la sua «merce» aprendo una breccia nella fortezza dei controlli europei.

L'ingresso nel paese di destinazione può essere legale o illegale. Un visto per studenti o turistico può essere lo strumento per entrare legalmente. Stessa cosa se si possiede un permesso di soggiorno a scopo lavorativo, ottenuto con l'aiuto di cittadini o di imprenditori compiacenti che si prestano a fare da finti datori di lavoro. In pratica i trafficanti si servono di queste persone per ottenere contratti fittizi in modo da offrire ai migranti un permesso di soggiorno che permetta loro di vivere e andare liberamente nel paese. Un lasciapassare che nell'Unione europea consente ai migranti di muoversi in tutti gli Stati membri. In questo caso il documento è valido. L'illegalità sta nel metodo per ottenerlo, come leggerete più avanti quando vi racconteremo la storia di Kabir.

Un altro mezzo legale per entrare nel paese è la richiesta di asilo politico una volta passata la frontiera. Con qualche limite, però. Solo alcune nazionalità infatti hanno diritto alla protezione internazionale. Una strategia tra le più utilizzate e suggerite ai migranti è quella di non dichiarare la propria nazionalità e fingersi proveniente da un paese in guerra. Ovviamente non tutti possono farlo poiché le polizie europee contrastano il fenomeno con interviste mirate, in lingua. Ad esempio, molti africani subsahariani si dichiarano somali o eritrei e i poliziotti indagano anche approfonditamente sulle conoscenze del paese. Vi sono però alcuni casi in cui l'ambiguità aiuta il trafficante. Chi è di etnia pashtun ma ha passaporto pachistano, ad esempio, non ha diritto all'asilo politico. Ma se il pashtun pachistano getta il passaporto e dichiara di essere afgano (i pashtun vivono a cavallo della frontiera tra i due paesi), ecco che, come per magia, si spalancano le porte della protezione internazionale.

Un ingresso illegale può avvenire invece in due modi: con o senza controlli alla frontiera. Un sistema che ricorda molto da vicino il contrabbando. Nel caso di entrata illegale senza controlli alle frontiere, il migrante potrà attraversare confini di montagna o marittimi con l'aiuto di *passeurs* o di guide esperte. Il Messico con le sue barriere porose con gli Stati Uniti ne è un esempio. Anche le montagne tra Italia e Slovenia, la rotta sulla quale Lončarić ha costruito la sua carriera. Lo stesso accade per i paesi asiatici dove i trafficanti possono approfittare dei controlli di frontiera limitati. Nel caso di ingresso illegale si usano documenti contraffatti, spesso con la collusione di ufficiali doganali corrotti: cosa molto comune quando i migranti passano negli aeroporti.

Giunti a destinazione, se il costo del viaggio è saldato, i migranti sono abbandonati a se stessi. E può accadere che le condizioni di marginalità e di clandestinità in cui si ritrovano li spingano nelle mani di altri gruppi criminali, spesso della stessa origine etnica, o di datori di lavoro senza scrupoli. È il circolo dello sfruttamento, che genera lavoro nero e reati nelle nazioni di arrivo. Eventi globali come le migrazioni clandestine assistite possono così impattare con forza sulla dimensione locale: dai mercati di uomini su scala mondiale si passa alla paura sulle strade delle nostre città e alle strumentalizzazioni politiche. Spesso non prestiamo abbastanza attenzione a quanto i grandi fenomeni di criminalità transnazionale, come le reti di trafficanti di uomini, abbiano enormi ripercussioni sulle nostre città.

Trafficanti 2.0

Le fasi dello *smuggling* si avvalgono molto anche della tecnologia e dei nuovi mezzi di comunicazione: risorse essenziali per chi traffica esseri umani. Permettono di organizzarsi e condurre le attività in modo più efficace ed efficiente, riducendo i rischi. Così gli *smuggler* possono comunicare rapidamente attraverso internet, reti wireless o satellitari.

Possono condividere informazioni in un modo che è sempre più difficile da tracciare, come Skype, tanto per fare un esempio. Riescono ad acquistare i migliori documenti contraffatti disponibili sul mercato nero direttamente online.

Dalle risultanze di molte indagini emerge che i trafficanti utilizzano parecchio il cellulare, cambiando spesso schede telefoniche. «Il telefonino – ci dice Filippo Spiezia, sostituto procuratore nazionale antimafia che a lungo si è occupato di traffici di migranti – è lo strumento essenziale del trafficante. Loro non sono come altri criminali organizzati che si tengono alla larga dalle comunicazioni telefoniche. D'altronde devono parlarsi coprendo spesso enormi distanze. Difficilmente potrebbero usare "pizzini". L'uso del telefono è quasi spregiudicato. Però è anche un loro tallone di Achille.» Ci sono poi i Gprs che vengono dati ai migranti in partenza dalla Tunisia o dalla Libia che non conoscono la rotta per Lampedusa.

Gli *smuggler* usano molto anche la rete. Internet, infatti, rende più anonime e rapide tutte le fasi del traffico. In quella di reclutamento è utilizzato per contattare i migranti e per pubblicizzare i servizi offerti. Nella fase di trasferimento e ingresso è utilizzato per i contatti fra i trafficanti o per acquisire strumenti necessari per il business (documenti falsi, numeri di carte di credito ecc.). Un rapporto di Europol del 2011 è chiaro in proposito. «Come strumento di comunicazione, fonte di informazioni, luogo di mercato, terreno per il reclutamento e servizio finanziario, Internet facilita tutti i generi di criminalità off line, incluse le migrazioni illegali [...]. In particolare, l'anonimato offerto dalle tecnologie di telecomunicazione come le email, la messaggeria istantanea e la telefonia Internet (VoIP) ha fatto sì che esse vengano utilizzate in modo crescente dai gruppi organizzati come contromisura rispetto alle attività di individuazione e sorveglianza.»

I clandestini che piovono dal cielo

L'apparenza inganna

«Non lo so come si chiama. Cioè, il vero nome non lo sa nessuno. Noi la chiamiamo la "Grande Sorella". È lei che ci dice quali voli prendere e che cosa dire ai poliziotti. Lei sa tutto. Dov'è lei? È da qualche parte in Messico. Nemmeno io so dove esattamente. Io mi occupo dell'Europa. Io cinese? No, io non sono cinese. Io aiuto i cinesi, ma sono di Singapore. E qui sta il primo punto. Però segnati anche altri due paesi: Malesia e Corea del Sud. Per questi tre passaporti il visto d'ingresso per l'Europa non serve. Su questo lavoriamo noi.»

Alla Polaria di Malpensa gli uomini coordinati dal dirigente Giuseppina Petecca ogni giorno cercano di smascherare e fermare uomini come Eric Teo.

Dettagli, particolari, omonimie, facce simili, voli e racconti ricorrenti che messi insieme diventano prima sospetti, poi campanelli d'allarme e infine indizi. Il poliziotto nel box di vetro a Milano, così come a Fiumicino, che vede passare davanti a sé fiumi di persone al giorno, deve osservare, annotare e scoprire chi prova a entrare illegalmente insieme con il trafficante che lo accompagna. Impresa non facile, e gli *smuggler* lo sanno bene. L'area transiti degli aeroporti è un gigantesco e sfuggente limbo dove i trafficanti mettono in opera alcuni dei loro trucchi più raffinati. È un complesso girone colmo di zone d'ombra in cui chi è capace di muoversi con discrezione e astuzia riesce ad attuare diaboliche macchinazioni e a infilare il grimaldello che spalanca le porte a migliaia di migranti irregolari. Qui si arriva in aereo, appunto, con un biglietto acquistato in un'agenzia di viaggi. Con un piccolo e leggero bagaglio nella mano sinistra, un passaporto stretto nella mano destra e una goccia di sudore che imperla la fronte.

È in aeroporto che ci si gioca tutto, quando il poliziotto di frontiera fa un cenno al prossimo in fila, che avanza e porge il passaporto. Dall'altra parte del vetro, dentro il gabbiotto, l'uomo in divisa lancia uno sguardo e poi tuffa le mani nel documento. I polpastrelli a saggiare la carta, pagina dopo pagina, a spalancare quella dove c'è la foto e il nome. Poi il passaggio sullo scanner. Gli occhi ancora sulla foto, e di nuovo sullo straniero che ha di fronte. Quando va tutto bene, la persona sotto esame passa, sorride e ringrazia. Ringrazia quel poliziotto che non ha visto ciò che avrebbe dovuto. Ringrazia Dio e ringrazia Eric Teo, o qualcun altro come lui, che l'ha fatto entrare in Europa. Passaporto falso? Macché, il passaporto è vero, è regolare. È di Singapore. Solo che l'uomo è cinese, di Shanghai, e quella nella foto non è la stessa persona: è uno che assomiglia tremendamente allo straniero appena entrato in Italia. Hanno gli stessi occhi, la stessa piega della bocca all'ingiù. A Singapore hanno beccato uno con la stessa faccia triste! Una goccia d'acqua. Costo del servizio: 1400 dollari. *Bye-bye* e avanti il prossimo, almeno fino a quando non vieni beccato.

Lavorava così Eric Teo, classe 1973, di Singapore appunto. Finché la polizia di Malpensa non lo ha colto sul fatto. Decine e decine di ingressi ogni anno, con una tecnica

I clandestini che piovono dal cielo 123

collaudata ed efficace. L'organizzazione di Eric possedeva una vasta banca di passaporti rubati o perduti: singaporiani, coreani e malesiani, che non necessitano di visto per l'ingresso in Europa. Passaporti con foto di gente che sembra cinese. Più lo sembra, meglio è.

Il trafficante specializzato in aeroporti è il più scaltro e astuto di tutti. Usa poco le gambe, poco le braccia, mai le armi. I più organizzati e geniali sono proprio i cinesi: studiano le tratte aeree, sono molto strutturati, con competenze e ruoli specifici assegnati ai singoli componenti.

Eric Teo e il suo capo, la «Grande Sorella», lavoravano in maniera eccelsa. I viaggi erano pianificati in modo da far perdere di vista l'origine. All'inizio della tratta i documenti in mano ai migranti sono quelli veri, poi, a un certo punto del lungo tragitto, vengono sostituiti con passaporti falsi o altri documenti veri, ma che appartengono ad altre persone, riciclati ogni volta.

Durante il viaggio, dunque, avviene la sostituzione del documento. L'Europa è spesso il transito per i cinesi che vogliono andare negli Stati Uniti. Una delle tratte classiche è da Hong Kong fino a Milano passando per Kuala Lumpur e Damasco. E poi via per Messico e Stati Uniti. Fino a Damasco (dopo l'inasprirsi della guerra civile siriana la sosta nella capitale è sempre meno frequente) i cinesi arrivano con i loro documenti. A quel punto li scambiano con quelli malesiani, coreani o di Singapore. A Malpensa non arrivano da soli. Ce li porta uno *smuggler*: la guida turistica, l'accompagnatore o, piuttosto, il traghettatore.

La difficoltà è trovare un passaporto con una foto molto somigliante al clandestino che lo utilizzerà. Questo se lo si vuole autentico. L'altra strada è sostituire la foto. E qui, se il lavoro non si fa come si deve, la possibilità che i poliziotti se ne accorgano è più alta.

I migranti si presentano a Malpensa a gruppetti di due o tre al massimo. Lo *smuggler*, unico membro dell'organizzazione presente in quel momento, è quello che parla, che conosce bene l'inglese e che spiega che le persone al seguito sono familiari. Un po' come faceva Eric Teo, ma come lui ce ne sono tanti nelle stazioni aeree. Poi, in Italia c'è un altro collaboratore dell'organizzazione che prenota l'hotel per due o tre giorni, per poi far ripartire il migrante con un altro *smuggler* per il Messico. E da lì il tentativo di andare negli Stati Uniti.

Le indagini di Giuseppina Petecca e della Polaria di Malpensa sulle organizzazioni cinesi hanno una svolta importante il giorno in cui dal Messico vengono respinti due cittadini malesiani. Vengono rispediti in Italia, atterrano proprio a Milano. La polizia fa le foto ai due e le confronta con quelle sul passaporto. Apparentemente sono loro, certo. Apparentemente. Poi però se si misura, ad esempio, la distanza fra gli occhi o fra naso e bocca, si trovano sottili differenze. Differenze di millimetri che modellano diversamente un viso, un'espressione. Se c'è il dubbio, scatta un secondo controllo: la telefonata all'ambasciata, in questo caso malese, per verificare se risultino passaporti rubati o smarriti. E si scopre l'inganno. È chiaro che facendo le prove e i paragoni biometrici tra foto del passaporto e foto di chi lo esibisce vengono fuori diversità magari non apprezzabili a occhio nudo.

«Chi usa frequentemente questo escamotage sono i gruppi criminali della Nigeria: ci sono donne nigeriane naturalizzate italiane che prestano il loro passaporto alle connazionali che vogliono andare in Canada» ci raccontano gli agenti della Polaria di Malpensa. Naturalmente bisogna individuare donne che si assomiglino. E tanto, anche.

Ma come funziona la macchina dei trafficanti quando tenta di violare i confini d'Europa passando dagli aeroporti?

L'esempio di Eric Teo lo spiega molto bene. Per il suo lavoro di «traghettatore» prendeva una media di 1000-1400 euro a persona. Ma non era lui a organizzare il viaggio, è la «Grande Sorella», come viene chiamata dai membri del gruppo. Inafferrabile, sconosciuta, nessuno sa dove sia. Usa una carta prepagata per telefonare, ma controlla tutto.

C'è un'idea dietro a questo sistema, un'intuizione a suo modo geniale. La «Grande Sorella» sfrutta le debolezze del sistema dei visti, la vulnerabilità di alcuni passaporti che possono essere falsificati più agevolmente, l'opportunità «biologica» creata dalla somiglianza di caratteri somatici tra persone appartenenti a nazioni differenti, o quella architettonica fornita dal modo in cui sono disegnati gli scali aeroportuali, le maglie larghe di una insufficiente protezione all'ingresso.

Spiega Petecca: «I passaporti malesiani o di Singapore che noi vedevamo avevano vari timbri di ingresso in Europa, da Spagna, Francia e altri paesi. Il paradosso è che più il passaporto è usato e timbrato e più è credibile. Più timbri inducono all'errore il poliziotto di frontiera. Questo vale anche con quelli falsi. Per cui, se il trafficante e il falsario che lo ha aiutato hanno ingannato una volta un agente di frontiera, è facile che anche un secondo verrà raggirato, tratto in inganno dalla fiducia che il precedente collega ha riposto in quel documento. Dopo sei timbri, ad esempio, a chi viene in mente di pensare che diversi poliziotti, magari in paesi diversi, sono stati tutti raggirati e che il passaporto sia falso? E questo meccanismo psicologico vale anche con la sostituzione di persona, con in più un dettaglio: se ci sono sei timbri vuol dire che sei persone diverse lo hanno usato. Sei persone sono entrate in Europa, usando la faccia e il nome di un solo singaporiano o malesiano che in realtà non ha mai lasciato il suo paese».

Il tour del Belpaese

Sette giorni. Volo aereo su Malpensa, prima notte a Milano; poi in treno a Bologna, una notte lì; dopo Firenze, due notti; e ultima tappa Roma, tre notti. Infine il ritorno a Milano e il volo per Asunción, Paraguay.

«E dove dormite a Milano questa sera, signora?»
«In un hotel in via Principe Eugenio, ecco la camera già pagata.»
«Vedo, quanti siete in tutto?»
«Il mio gruppo è di quindici persone.»
«E andate a Bologna, Firenze e Roma?»
«Sì.»
«Lei è una guida turistica?»
«Sì, faccio questo lavoro da quindici anni.»
«Mi segua da questa parte, signora...»

Se è vero che i cinesi sono tra i più geniali e organizzati, anche i trafficanti sudamericani non scherzano. Dal Paraguay, ad esempio, organizzano tour guidati in Italia eccezionalmente completi. Dieci, quindici persone arrivano negli aeroporti italiani con in mano anche il biglietto per il volo di ritorno, voucher, hotel, itinerario e prima notte pagata. Ma il vero obiettivo del gruppo non è godere delle architetture italiane, non è certo rilassarsi in qualche osteria di Trastevere oppure oziare a piazza Maggiore a Bologna. Il piano è un altro.

L'agente di polizia che ha di fronte Livia, brasiliana di quarantaquattro anni, ha un dubbio. Mentre la donna, guida turistica accreditata che parla anche un discreto italiano, non tradisce particolari emozioni, il gruppo che accompagna desta qualche sospetto. Sono tutte ragazze, tutte giovani e piuttosto nervose. Le mani intrecciate a tormentarsi i polpastrelli, gli sguardi bassi non appena il poliziotto li incrocia. Così l'agente della Polaria e i suoi colleghi fanno un controllo con la Tam, compagnia aerea brasiliana: il volo di ritorno per tutte e sedici c'è, destinazione Asunción, di lì a otto giorni. Ma ci sono anche altri quindici biglietti emessi per gli stessi nominativi: sette ragazze ripartono il giorno dopo da Malpensa e altre otto da Linate. Altro che Bologna, Firenze e poi Roma. Di vero c'è solo la notte a Milano. L'indomani le ragazze partiranno per Madrid. Perché da Malpensa a Barajas non c'è controllo di frontiera, Italia e Spagna sono due paesi «Schengen». Una volta passati i controlli italiani, infatti, si è liberi di muoversi nelle ventisei nazioni europee che a oggi hanno aderito agli accordi di Schengen. Il gruppo aveva dichiarato un viaggio turistico in Italia, ma il vero obiettivo era la Spagna. Per cercare lavoro lì e trasferirsi in cerca di una nuova vita. Ma se il gruppo si fosse presentato direttamente a Madrid sarebbe stato respinto dalle autorità spagnole. Livia e la sua organizzazione, paraguaiani e brasiliani insieme, giocano di sponda: tentano l'ingresso in un altro paese, un paese dove le forze dell'ordine siano meno in allarme. Un paese dal quale è facile transitare in vista della destinazione finale. L'organizzazione ti costruisce tutto, ti fornisce anche una guida turistica accreditata, che è fondamentale per ingannare i controllori alla frontiera. E compra biglietti aerei doppi per tutti. Spesso servono agenzie di viaggio compiacenti, perché è strano che quindici persone acquistino un biglietto andata e ritorno per l'Italia e, nello stesso periodo, anche un biglietto di sola andata dall'Italia alla Spagna.

In gruppo, sotto la protezione della guida, i migranti irregolari sono più forti. Anche le menzogne, recitate per ore nei giorni precedenti, escono meglio. I consigli dettati da Livia e ripetuti all'infinito la notte prima sono bene impressi nella mente delle ragazze. «La prima notte a Milano, già pagata, non preoccupatevi, parlo io... poi andiamo a Firenze, poi a Roma, capito? Colosseo a Roma, due notti; gli Uffizi a Firenze e lì una sola notte...» Livia fa ripassare la lezione più volte. Questo, infatti, è il punto più delicato per un trafficante che lavora negli aeroporti: creare una storia, un viaggio, una visita turistica, che, ovvio, non avverrà mai. È come scrivere un romanzo, un racconto. Più ci sono dettagli, più ci sono alberghi prenotati, luoghi da visitare, più la storia raccontata ai poliziotti sarà credibile. Livia deve essere scrittrice e anche un po' attrice. E un po' psicologa. E un po' guida, appunto. Deve rassicurare i migranti che tutto andrà per il verso giusto, ma deve anche istruirli per bene. C'è però una componente che Livia e la sua organizzazione a volte non riescono a gestire, un fattore X: lo stress, l'ansia e la paura dei «clienti» che a loro si rivolgono. Perché dopo che hai pagato alcune migliaia di euro e hai scommesso tutto su quel viaggio, gli occhi dell'agente di frontiera che ti scrutano e tentano di comprendere se stai mentendo, se davvero è una vacanza la tua, se davvero hai i soldi per mantenerti, se davvero tornerai ad Asunción fra otto giorni, ebbene, quegli occhi, quello sguardo, possono fare paura.

La Cina e il suo «doppio»

Senza nulla togliere ai sudamericani, ma i più geniali rimangono sempre i cinesi. Giuseppina Petecca racconta di quando «in aeroporto, a Milano, è atterrato un ragazzo cinese respinto dalla Svizzera. Si chiamava Chen. Era senza passaporto, anche perché quello falso lo aveva trattenuto la polizia elvetica. Con sé aveva solo la carta d'imbarco in base alla quale risultava partito da qui, da Malpensa. A noi però non risultava nulla. Dopo pochi giorni si verifica un episodio simile. Un altro ragazzo respinto da Zurigo. Un altro nome: Lin. Segnaliamo i due nomi agli ufficiali di frontiera. Alcune settimane dopo si presentano al controllo passaporti due ragazzi cinesi. O meglio, due cinesi naturalizzati austriaci che andavano in Svizzera. Si chiamano Chen e Lin... Dopo una settimana si ripresentano sempre loro per andare una seconda volta a Zurigo. Ci sono insomma diversi Chen e Lin: quelli respinti da Zurigo e quelli di fronte a noi, in possesso di regolari documenti. Scatta un controllo e nello zaino dei cinesi troviamo due passaporti falsi di Singapore, con i loro nomi, Chen e Lin, ma con foto diverse. Allora chiamiamo la polizia di Zurigo e inviamo loro le foto dei due passaporti falsi. I colleghi riescono a rintracciare nell'area transiti dell'aeroporto dei cinesi appena arrivati da Pechino, i cui visi sono quelli delle foto sui passaporti falsi».

Una macchinazione estremamente sofisticata. I due Chen e i due Lin si incontrano velocemente nei bagni dell'area transiti di Zurigo. I «veri» danno ai «falsi» le loro carte di imbarco Malpensa-Zurigo (solo il talloncino che resta alla fine del volo). Poi i due migranti irregolari si presentano al controllo passaporti. Se il poliziotto svizzero non si accorge dei documenti contraffatti, i falsi Chen e Lin entrano in Svizzera direttamente da Pechino. Ed è fatta. Se invece la polizia scopre che sono falsi, chiede loro da dove arrivino. E prontamente rispondono: da Malpensa, esibendo il talloncino della carta di imbarco. In modo tale che al poliziotto svizzero non venga in mente di controllare la lista passeggeri del volo proveniente da Pechino.

Così i due falsi Chen e Lin vengono rispediti a Milano, sebbene da lì non siano mai passati. Si avvia cioè un procedimento di espulsione verso un paese da dove di fatto non sono mai transitati. Il punto è che i due non vengono rispediti a Pechino, ma a Milano. Non ritorneranno in Cina, ma andranno in Italia.

Momento chiave: la cessione della carta di imbarco. Nei bagni gli investigatori svizzeri hanno trovato i veri passaporti dei cinesi (senza titolo per entrare in Europa, perché hanno bisogno di un visto) buttati via per avere in mano solo i documenti contraffatti: quelli di Singapore che invece consentono l'ingresso.

Le aree di transito sono sempre a rischio, perché sono zone di arrivo e smistamento. L'arresto per i due veri Chen e Lin, ventitré e venticinque anni, cinesi con passaporto austriaco, traghettatori a distanza, o meglio, facilitatori, è scattato quando nello zaino sono stati trovati due passaporti falsi.

Sostituzione di persone, scambio di documenti, contraffazione, che paiono uscire dalla penna di un giallista della metà del secolo scorso funzionano anche oggi, nell'era dei controlli biometrici, dei passaporti con i chip, dell'elettronica. Anche adesso vince il teatro, la messinscena, la rappresentazione. Lo *smuggler*, regista, attore, sceneggiatore, fa anche questo: studia le situazioni, le analizza con lucidità e le sfrutta a suo vantaggio. Le riscrive, addirittura. E lavora nelle pieghe, nelle ambiguità, siano esse fisiche, geografiche o umane. Nel copione criminale che ha steso di suo pugno sono le zone grigie che lo aiutano: somiglianze di visi, distrazioni dei poliziotti, attimi in cui si gioca tutto. Come a teatro: è una pausa fra una battuta e un'altra che rende tutto verosimile. È il tempo delle risposte e delle domande, dei gesti, che funziona e fa scattare l'applauso. Quell'attimo, quei pochi secondi in cui il clandestino è di fronte all'agente nel gabbiotto riflettono mesi, anni di studio e impegno del regista *smuggler*. Quel battito di ciglia di fronte al monitor mentre lo scanner «passa» il documento, quel nervoso e quasi impercettibile socchiudersi degli occhi del clandestino di fronte al doganiere. Solo un battito. E poi via, in Europa! Il trafficante di uomini lavora per quello. Per quel battito di ciglia che vale milioni di euro. E per l'applauso a quella eccezionale messinscena. Ma qui chi batte le mani non è semplice spettatore. È allo stesso tempo attore protagonista e pubblico pagante. Solo che lo spettacolo dell'ingresso illegale in Europa va in scena migliaia e migliaia di volte.

Kabir il mediatore

Il trafficante che ama l'Italia

Per fare questo mestiere ci vogliono le palle quadrate. Il mio segreto? Sfrutto le opportunità che le leggi italiane offrono. Ma io amo l'Italia, è il mio secondo paese. Non le farei mai del male. Le occasioni me le ha date tutte l'Italia...

Era il 1983, avevo vent'anni e lavoravo sulle navi in Sudafrica. Partimmo da Città del Capo con un carico di argento grezzo, con destinazione Livorno. Qui avevo dei parenti. Quando siamo entrati nel porto e la nave ha attraccato ho deciso di non tornare più indietro. Sono sceso e mi sono messo a cercarli. È stata la scelta migliore che potessi fare. Per alcuni anni sono stato senza permesso di soggiorno, ero un clandestino. Facevo di tutto, dovevo pur vivere. Poi per uscire dall'ombra ho sfruttato la regolarizzazione della legge Martelli del 1990: la prima opportunità che la legislazione italiana mi ha offerto. Da allora mi sono fatto da solo. Passo dopo passo. E ora ho una mia attività.

È un pomeriggio di fine aprile del 2012 nella campagna laziale. Uno straniero dalla pelle olivastra entra in un'azienda ortofrutticola che si estende su ettari di terreno. È un'impresa florida, a conduzione familiare, che si serve di lavoro stagio-

nale. Sta arrivando il periodo della raccolta. Lo straniero si avvicina al proprietario e gli stringe la mano. Il principale è un italiano sulla cinquantina, gli sorride. I due si conoscono.
«Allora, questa volta avevamo detto sei?» dice lo straniero.
«Sì, sei.»
«Hai novità?»
«Non ancora, ti dico io quando è tutto a posto.»
«I nomi li sai. Te li avevo scritti.»
«Sì, non preoccuparti, ti richiamo presto, a cose fatte» chiude l'agricoltore.

Sei: non si tratta di casse di frutta e verdura e lo straniero non è un grossista. Lo straniero si chiama Kabir. È pachistano e nel suo ambiente è uno che conta, anche se spesso lavora da solo. Ufficialmente fa l'ambulante, ma è una copertura. Kabir ha cinquant'anni e ce l'ha fatta. È proprietario di una kebabberia e di un secondo esercizio commerciale, che ha dato in gestione. In Italia possiede una grande e accogliente casa e guida una Mercedes. In Pakistan ha svariati terreni e altre proprietà. I suoi parenti lì vivono bene: Kabir aiuta molto la sua famiglia nel paese di origine ed è felice di farlo.

Oltre al guadagno che gli fruttano le sue attività, Kabir fattura centinaia di migliaia di euro l'anno. Fattura si fa per dire: è tutto in nero, tutto esentasse. Kabir è un mediatore. È lui a definirsi tale. Media tra un'inesauribile domanda di immigrazione dal Pakistan e l'offerta di centinaia di imprenditori agricoli italiani senza scrupoli.

Se lo chiami trafficante si irrigidisce, «ci sono parole che non vanno pronunciate» dice. Forse perché mettono a nudo la crudezza dell'attività, perché ti sbattono in faccia le responsabilità, la verità, ti inchiodano e ti etichettano inesorabilmente come criminale.

Kabir ha modi di fare morbidi, accomodanti, che mostrano una timidezza che ispira fiducia. È stato abile a intravedere sin da subito le potenzialità di un mercato, ha capito che nella legge italiana c'è un buco. Un buco nero. E lo ha sfruttato, ci si è infilato, agile e invisibile. Ne ha fatto la sua arma, il suo strumento.

Kabir non possiede certo l'impero di Lončarić, ma come lui non si sporca le mani. Non è come alcuni suoi colleghi che devono sudare e (far) sputare sangue. I suoi strumenti sono differenti, il suo è un caso particolare: non ruba barche a vela, non fa affondare barconi al largo di Lampedusa, non acquista gommoni con motori fuoribordo. Non fa morire migranti al freddo delle montagne slovene d'inverno o chiusi senz'aria dentro un camion con il doppiofondo in un traghetto d'estate. Non usa il Gps per non perdersi in mezzo al deserto, non ha bisogno di posti dove tenere i propri «clienti» per mesi in attesa di proseguire un viaggio pericoloso, non maneggia armi. I suoi «compaesani», come li chiama lui, arrivano in Italia al caldo, in aereo, direttamente a Fiumicino con un viaggio sicuro e certi di poter entrare. E lui rischia molto, molto meno degli *smuggler*, per così dire, «tradizionali».

Il formidabile strumento di Kabir sono le norme italiane. Lui sa piegarle a proprio favore, le addomestica, le usa come gli conviene.

Mentre parla, Kabir ci guarda dritto negli occhi. Ha l'aria apparentemente timida e un atteggiamento di costante sorpresa stampato sul viso. La faccia pulita, un sorriso aperto, è simpatico e si presenta bene. È ben vestito, ha belle scarpe, una giacca alla moda col gilet trapuntato. Per unire eleganza e comfort. Cammina con le mani nelle tasche, Kabir. Con passi piccoli, ma decisi. Dai suoi tratti somatici nessuno penserebbe a un trafficante di esseri umani.

«Io non faccio nulla di male»

Vengo da un piccolo villaggio ai confini con l'Afghanistan, dove vivono al massimo un migliaio di persone. Vicino a Peshawar, nel Nord del Pakistan. Sono di etnia pashtun. Parlo pashtu, quindi. E se riesci a parlare pashtu bene, puoi spacciarti come tale. Sì, perché loro possono chiedere asilo politico quando arrivano in Italia. È quello che dico sempre ai miei. Anche se prima bisogna arrivarci in Italia...

In che modo? Ogni anno viene pubblicato il Decreto flussi e un imprenditore agricolo può fare richiesta di lavoratori stranieri stagionali entro la scadenza. La domanda è nominativa: è lo stesso agricoltore che va in questura e compila il modulo. Dice che vuole questa e quella persona, che ne ha bisogno. Scrive i nomi e paga quanto deve pagare. Mettendoci anche la marca da bollo è comunque un costo accessibile. Con la domanda si ottiene un nullaosta per lo straniero che può valere fino a nove mesi.

Le persone chiamate vanno all'ambasciata italiana a Islamabad, con il loro passaporto regolare, e ricevono il nullaosta, così possono venire senza problemi a lavorare nei campi. Quando arrivano firmano il contratto con il datore di lavoro e ricevono il permesso di soggiorno stagionale. Fino a qui è la normale procedura, nulla di strano. Con questa trafila però puoi far arrivare chi vuoi, su ordinazione. Nome e cognome. Chi non sfrutterebbe questa fortuna? Così entrano in ballo i mediatori. Troviamo gli imprenditori agricoli che vogliono arrotondare, disposti a chiamare le persone che indichiamo noi. I nomi glieli forniamo noi e loro fanno il resto. Il modulo è su internet e lo compilano come vuole il mediatore. Dietro compenso, ovviamente. Tra i 1500 e i 3000 euro. Alcuni, ma raramente, vogliono anche 5000 euro in contanti.

Io pago gli italiani quando arriva il nullaosta, è in quel momento che puoi stare tranquillo che l'affare va in porto. Prima no. Una sola volta mi hanno chiesto di vedere se avessi 3000 euro in contanti. Come garanzia, non si fidavano. Bastava che glieli facessi vedere. Per me non era un problema, glieli ho mostrati e la cosa è andata avanti. Ma di solito si fidano, ed è raro sentirsi rispondere no.

A volte trovi anche imprenditori onesti. Qualcuno mi dice che vuole aiutare dei disperati e che lo fa gratis. Che chiederà il nullaosta senza niente in cambio. Sì, capita. Molto raramente, ma capita. La maggior parte delle persone ci vuole guadagnare.

La mia attività è trovare le imprese agricole i cui proprietari, per soldi, sono disposti a bucare la normativa sui flussi. Soltanto negli ultimi sei mesi, con questo metodo in una piccola provincia ho ottenuto oltre centocinquanta nullaosta. Ho coinvolto tanti italiani, i quali sembrano non temere i rischi. Quanto è fruttato questo giochetto? Più di 600.000 euro in sei mesi. Un milione 200.000 in un anno e una quota simile è finita nelle tasche degli imprenditori agricoli. Io sovvenziono l'economia nazionale, offro sussidi all'agricoltura. Io non faccio nulla di male, anzi faccio solo del bene, anche a voi italiani, e in più aiuto tanti onesti pachistani che vogliono venire in Europa in cerca di fortuna.

Noi non lasciamo tracce perché gli imprenditori pagano in contanti, non certo con un bonifico bancario. I problemi possono nascere dal fatto che lo straniero chiamato per lavorare nei campi, una volta ottenuto il nullaosta all'ambasciata, non si presenta per concludere il contratto. Ma che colpa ne ha l'imprenditore? Dipende forse da lui? Fino a un paio di anni fa i controlli erano quasi assenti e quindi non c'erano rischi, ma adesso qualcosa è cambiato. Se la cosa capita su più anni consecutivi, l'imprenditore potrebbe passare dei guai. La polizia si insospettisce e il business rischia di saltare. Ma basta cambiare impresa agricola frequentemente e tutto si sistema.

Certo, conviene scegliere l'agricoltore con qualche accortezza, selezionare con cautela è importante. Una volta avevamo fatto una richiesta per diversi nullaosta con un imprenditore davvero piccolo, che non dichiarava quasi niente al fisco. Sì e no aveva un fatturato di 6000 euro all'anno. Lo hanno chiamato e volevano sapere di più. «Con 6000 euro in un anno non sfami nemmeno le tue galline» gli hanno detto. «Come fai a permetterti di dare lavoro a stranieri?» Avevano ragione. È stata una svista, l'ho capito subito e non ho più sbagliato. Da allora ho cercato sempre quelli con il fatturato abbastanza alto, almeno sopra i 50-60.000 euro. Loro possono permettersi tanti braccianti stagionali e stiamo tutti più tranquilli.

Paura di finire dietro le sbarre? Forse lo fareste pure voi, se sapeste di guadagnare così facile. Sono tanti soldi. C'è un po' di rischio, ma è accettabile. Intanto prendo il denaro, poi Dio provvede. Noi siamo pachistani, abbiamo visto la miseria, quella vera. Voi non la conoscete, per fortuna vostra, non ve la immaginate nemmeno. Quando noi sappiamo di poter guadagnare anche 500 euro, non diciamo di no. Tanti vorrebbero fare i mediatori ma pochi ci riescono.

Per ogni persona portata in Italia Kabir tiene per sé dai 3000 ai 4500 euro. Complessivamente ogni pachistano sborsa almeno 7000 euro, incluso il volo di linea. Intere famiglie contribuiscono al viaggio, spesso vendendosi quasi tutto quello che possiedono. I guadagni sono ingenti anche perché i flussi stagionali riguardano migliaia di cittadini stranieri da impiegare nei settori dell'agricoltura, alberghiero e del turismo. Anche se negli ultimi anni gli effetti della crisi si sono fatti sentire e hanno portato il governo italiano a ridurre le quote programmate. Così nel 2011 il tetto massimo era stato fissato in 60.000 unità, mentre nel 2012 la quota è scesa a 35.000 e nel 2013 è stata ulteriormente ritoccata al ribasso e portata a 30.000. Più in dettaglio il decreto del 2013 stabilisce che sono ammessi ingressi di lavoratori subordinati stagionali non comunitari esclusivamente da Albania, Algeria, Bosnia ed Erzegovina, Croazia, Egitto, Filippine, Gambia, Ghana, India, Kosovo, Macedonia, Marocco, Mauritius, Moldavia, Montenegro, Niger, Nigeria, Pakistan, Senegal, Serbia, Sri Lanka, Ucraina, Tunisia. Tutte possibilità di lavoro anche per *smuggler* specializzati in rotte differenti da quella di Kabir.

Con il nullaosta e il documento d'identità entri in Italia direttamente dall'aeroporto di Fiumicino. Ma appena esci devi correre al centro di accoglienza, devi distruggere il tuo passaporto, strapparlo, bruciarlo, mangiartelo. Questo diciamo a quelli che aiutiamo.

Devi stracciarti le vesti, bucarti le suole delle scarpe, sporcarti di terra mani e viso, mostrarti affamato e disperato. E, parlando afgano (pashtu, per la precisione), dire che sei arrivato via mare dalla Grecia, rinchiuso nel fondo di un camion nel garage di un traghetto. Quelle cose che si leggono sui giornali, insomma, avete capito... Probabilmente ti faranno fare delle visite mediche. Forse capiranno la verità, ma non potranno dimostrare nulla. Ti dovranno credere e ti concederanno l'asilo. E da quel momento tu potrai muoverti indisturbato in tutta Europa. E questo perché sei un pashtun e sai parlare la lingua giusta, scappi dalla guerra e puoi chiedere asilo politico.

Come lavoriamo noi mediatori? Intanto, non ci piacciono i telefoni e se proprio dobbiamo usarli parliamo in dialetto, sempre il nostro, difficile da tradurre. E poi abbiamo i nostri codici. Se ad esempio ti dico «ho trovato l'automobile che volevo comprare», tu capisci che è arrivato il nullaosta. Oppure se io dico «mi servono tre litri di olio», tu capisci che devo avere 3000 euro. E poi di solito teniamo i contatti direttamente con un familiare qui in Italia, di persona, e ci riferiamo a lui per ogni cosa. È lo stesso familiare che darà le istruzioni in Pakistan a chi aspetta di partire. E sarà sempre lui che porterà i soldi che magari avrà ricevuto in varie tranche, in contanti, dal Pakistan attraverso quelle agenzie che permettono il trasferimento del denaro.

Pericolo terrorismo

Noi ci basiamo sui legami etnici. Noi ci conosciamo tutti, ci aiutiamo, ci fidiamo l'uno dell'altro. Io sono un nodo. O meglio, uno dei nodi perché ce ne sono altri qui in Italia e anche in Pakistan. Dove non arriva uno arriva l'altro, siamo una catena. Io ho molti amici in Pakistan, lì funziona molto il passaparola. Tutti, anche nei villaggi più piccoli, sanno a chi devono rivolgersi se vogliono venire in Italia.

Io ho fiducia negli altri e loro hanno fiducia in me, siamo uguali, sono la mia gente. Noi siamo pashtun, noi manteniamo sempre la parola fino alla morte, è una questione di cultura. Vi faccio un esempio: dove avrebbe potuto stare Bin Laden, se non in territorio pachistano? Noi pachistani abbiamo fatto distruggere il nostro paese, pur di non mancare alla parola data a un uomo.

Ascoltando Kabir viene da chiedersi se questi continui traffici di uomini non siano un pericolo per la sicurezza nazionale e internazionale. Un canale continuo, privilegiato e relativamente semplice in cui infilare terroristi alla volta dell'Europa. I nomi si inventano, si possono falsificare passaporti o, ancora più facile, oliando le mani giuste a Islamabad, se ne possono ottenere di veri. Documenti validi con nomi falsi. Terroristi da fare entrare, in modo facile e veloce, anche in business class.

Davanti a queste osservazioni Kabir si arrabbia, fa l'offeso. È categorico, dice che lui e la sua rete non aiutano gente pericolosa. Forse può essere arrivato un piccolo criminale o qualcuno che ha sbagliato una volta qui, ma un terrorista non può essere. «Non è mai successo e mai succederà» sostiene. Ripete più volte che non farebbe mai del male all'Italia, che ama il nostro paese. Kabir conferma che tutte le persone che fa entrare le conosce direttamente o indirettamente, perché c'è sempre qualcuno della sua rete che garantisce. Quando parla sembra sincero, ma gli altri mediatori che usano lo stesso metodo? Possibile che ognuno di loro conosca tutte le persone che traffica? Il flusso di migranti raggiunge numeri impressionanti, difficili da controllare. E se fossero i terroristi stessi a sfruttare i mediatori senza che loro ne siano consapevoli? Il dubbio resta, e sono le sue stesse parole a confermarlo.

La domanda è davvero infinita, tutti vogliono venire in Italia, anche in centomila potrebbero usufruire del mio servizio. Sì, perché alla fine io aiuto le persone. Realizzo sogni, uno in particolare: cambiare vita, lasciare un posto orribile e venire in un paese europeo a vivere bene. E se non riesco a realizzarli comunque li agevolo. Prima che il Pakistan raggiunga il livello economico dell'Italia ci vorrà un secolo. L'importante è che non cambino le leggi sull'immigrazione per il lavoro stagionale.

La crisi? So benissimo che questo non è il momento migliore per venire a vivere qui, ma le persone non mi ascoltano. Vi voglio raccontare una storia. Ogni volta che torno a casa, in Pakistan, incontro molta gente. Un giorno mi è venuto a trovare un mio caro amico con cui andavo a scuola insieme.

«Aiuta mio figlio a venire in Italia» mi chiede. «Non è il momento» gli rispondo. Lui rimane in silenzio. «Tuo figlio cosa fa?» gli domando. «Ha un laboratorio di analisi. Lo gestisce e ha clienti.» Lo guardo negli occhi e gli faccio: «Che rimanga qui allora, è molto meglio, credimi. Cerca di convincerlo». Il giorno dopo il mio amico torna con le lacrime agli occhi. Mi dice che ha riferito al figlio le mie parole ma il ragazzo è disperato e vuole andarsene a tutti i costi. Che se non parte si uccide con un colpo di pistola alla testa. Il mio amico mi spiega che preferisce perdere i soldi del viaggio piuttosto che perdere suo figlio. Non vuole averlo sulla coscienza. Deve partire. Allora lo rassicuro, gli dico che ci avrei pensato io a fargli cambiare idea e vado a trovarlo nel suo laboratorio di analisi. Il locale è bello, abbastanza grande e pulito. Il figlio del mio amico veste un camice bianco, tutti lo chiamano «dottore» anche se è semplicemente un tecnico. Rimango poco a parlare con lui, ha molto lavoro da sbrigare. Gli ripeto il discorso che ho fatto al padre. Cerco di fargli cambiare idea, gli parlo di cosa troverà e di quello che lascerà. Gli faccio presente che in Italia non avrà mai quello che ha in Pakistan. Che sta sbagliando. Ma non c'è niente da fare: lui vuole lasciare tutto e cercare fortuna, non pensa ad altro che all'Italia.

Io li ho avvertiti, sia il padre sia il figlio. Io sono onesto, li ho avvertiti, ma era come parlare con dei sordi. Va bene, allora. Ecco l'Italia. Il figlio è arrivato. L'ho rivisto due anni dopo; lavora in nero nei campi e fa quasi la fame. Mi ha detto che avevo ragione, che si è pentito di non avermi ascoltato. Che avrebbe fatto molto meglio a restare in Pakistan, che questa non è la terra delle opportunità. Ma, come vi ho spiegato, le opportunità bisogna saperle cogliere quando è il momento.

Lo scafista dei talebani

I rischi del mestiere

«Dicevano di essere talebani, erano armati di coltelli. Dicevano che non ci mettevano nulla a decapitarmi, che conoscevano tanti modi per uccidermi. Erano insieme agli altri e sono arrivati in Italia mescolati con loro...»

Ogni mestiere ha i suoi rischi. Anche avere la patente nautica per imbarcazioni da diporto può fartene correre qualcuno anche molto serio. Soprattutto se hai la propensione a infilarti in situazioni complicate, se i tuoi campanelli d'allarme non suonano. Perché sei fatto così o perché disperazione e necessità annullano le tue difese. O perché magari vieni da un paese dove è difficile trovare un lavoro che ti dia da mangiare. Nel caso della barca a vela non stiamo parlando dei rischi classici della professione, legati al mare, alle condizioni meteo, ma di quelli che dipendono dalle persone con cui vieni a contatto.

Questa è la storia di Taras, il capitano «forzato». Taras, che dice di essere in prigione ingiustamente, anche se nella sua vita ha passato quindici anni entrando e uscendo dalle carceri russe e ucraine. Taras, che pensa che le galere italiane siano una passeggiata ma che non ci vuole stare. Taras tuttofare, Taras dalle mani d'oro.

Lo scafista dei talebani 143

Sono nato ad aprile, nel segno del fuoco, secondo il nostro oroscopo. Mi si addice. Sono nato in Russia, ma sono cittadino ucraino e ho vissuto la maggior parte della mia vita in Ucraina. Dall'età di sedici anni sono stato detenuto in varie carceri dei due paesi, gli ucraini e i russi se la sognano la condizione italiana: questa è una pensione, non una galera. Gli italiani non sanno cos'è un carcere vero.

So fare tutto. Meccanico, elettricista, idraulico. So fare lavori di qualsiasi genere, iniziando da quelli agricoli posso fare un lungo elenco. Ristrutturazioni complete di case, muratore, piastrellista. Tutto, davvero. Per me niente è un problema.

Da quando mi hanno rinchiuso qui dentro, mi sono tagliato due volte le vene con la lama di un rasoio di plastica. Perché? Perché nessuno mi crede. Voglio essere ascoltato. Per ottenere qualcosa bisogna reagire in un certo modo, la mia è una strategia. Voglio ottenere ciò che mi interessa. Per voi è strano questo comportamento, però dalle mie parti si usa così. In circostanze del genere, se vuoi una cosa e nessuno ti ascolta, bisogna fare un gesto deciso ed estremo.

Le guardie, la prima volta, lo salvano appena in tempo. Lo trovano nella sua cella in una pozza di sangue. Anche in questo caso è questione di propensione al rischio. Quella di Taras è una storia (pur con i suoi lati oscuri e le sue incongruenze) di un'ombra lunga che incombe sui traffici di clandestini. L'ombra del terrorismo. E i terroristi hanno sempre più bisogno di eludere i controlli alle frontiere. E chi meglio dei trafficanti li può aiutare?

Incontriamo Taras in carcere, dove sconta una pena definitiva. Non specificheremo in quale struttura, per proteggere la sua identità. È un istituto di pena che contiene centinaia di detenuti, molti di più della sua capienza regolamentare, ma dove, almeno apparentemente, tutto sembra funzionare.

Il direttore dell'istituto ci accoglie in una rovente giornata estiva. È un uomo elegante, cortese e affabile. Ci fa assaggiare il caffè freddo del bar del penitenziario. Difficile immaginare che in un posto del genere facciano un caffè così buono. Mentre lo sorseggiamo ci parla del suo lavoro e dell'istituto. È un perfetto padrone di casa e ci illustra le regole che dovremo seguire. Un ispettore poco dopo ci accompagna nella stanza in cui incontreremo Taras. È un ufficio: pochi mobili, un computer, una stampante, un condizionatore che funziona male. Prima che il detenuto arrivi, l'ispettore ci avverte che ci troveremo di fronte una persona arrabbiata; ci racconta dei suoi tentativi di togliersi la vita. Con noi c'è anche un'interprete.

Taras entra. È un uomo sui cinquant'anni, con occhi di ghiaccio simili a quelli di un husky. Il viso scavato, un fascio di nervi. Magrissimo. Veste in jeans attillati e t-shirt stretta. Sull'avambraccio sinistro ha un vistoso cerotto di cui continua nervosamente a toccare il lembo, quasi a voler sottolineare, senza bisogno di parole, il suo ultimo tentato suicidio.

Comincia subito a raccontare. E parla di morte, di sequestro, di barche, di talebani, di coltelli, di costrizione. Di una truffa e di giudici che non lo ascoltano, di ingiustizie. Come un fiume in piena vomita parole veloci sull'interprete che traduce e arranca dietro ai suoi discorsi, forse più confusi di quanto non arrivino a noi tradotti.

Gli chiediamo di riferirci del giorno in cui è stato arrestato. Si irrita e ci fa capire che dobbiamo stare alle sue regole. Il suo arresto è il risultato. L'effetto. Se non capiamo la causa non gli facciamo giustizia. E lui almeno oggi vuole giustizia. Almeno da noi e per questo ha accettato di parlarci.

«Fate di lui quello che volete»

Prima voglio spiegare perché sono finito in mezzo a questa brutta storia. In Ucraina non c'è lavoro, non riuscivo a trovare uno straccio di impiego. Io sono un capitano, uno skipper. Ho conseguito un diploma nautico per portare barche fino a trenta metri. Per sfruttare questa mia professione mi sono messo a cercare lavoro tramite internet, ho pubblicato un annuncio e ho trovato una richiesta di un tizio che voleva trasportare via mare gli effetti personali della sua famiglia. Si dovevano trasferire dall'Albania in Grecia. Sono arrivato a Tirana dall'Ucraina, il biglietto me lo ha pagato lui. Una volta sul posto l'ho incontrato, mi ha mostrato le cose da trasportare: mobili, tavoli, scatoloni e altro. Abbiamo caricato tutto sulla barca e sono salpato.

In Grecia non potevo rimanere, non avevo il visto, dovevo ritornare subito indietro. Quando siamo arrivati a destinazione il proprietario della barca mi ha offerto alloggio in casa sua. Sarei dovuto scendere a terra ma io mi sono rifiutato, non volevo avere casini. Se qualcuno mi avesse fermato avrei avuto dei problemi. Io pertanto avrei dormito in barca e lui l'indomani mattina sarebbe venuto a portarmi i soldi per il lavoro. Saremmo poi andati insieme alle autorità, avremmo richiesto il mio permesso d'ingresso giusto per arrivare in aeroporto e da lì tornare a casa mia in Ucraina. Le cose però sono andate diversamente.

Stavo dormendo in mare, credo da non più di un'ora. Mi sono svegliato di soprassalto per le botte. Mi stavano picchiando. Mentre mi proteggevo con le braccia, ho intravisto cinque o sei persone intorno a me che mi riempivano di calci e pugni. Parlavano una lingua che sembrava arabo, mi stavano massacrando di botte. Non capivo cosa stesse succedendo, facevano domande che non capivo. Chiedevano che lingua parlassi. «*Do you speak English?*» «*Sprechen Sie Deutsch?*» Io rispondevo in russo. Tra questi ce n'erano un paio che parlavano la mia lingua, mi hanno detto che avrei dovuto guidare la barca e fare quello che mi ordinavano. Ho provato a dire loro che la barca non era mia, che dovevano parlare con il proprietario, io mi ero limitato a fare un lavoro e che dovevo tornare in Ucraina. Gridavo, ma non mi sentivano, continuavano a massacrarmi di botte. Ho visto che venivano caricate sulla barca molte persone. Una, due, tre, quattro, cinque... alla fine sessantasei. Potevano essere pachistani, afgani, cingalesi. Tutti stipati su una barca a vela di quindici metri, e con un piccolo motore, che poteva contenerne al massimo otto...

Quella gente probabilmente si è affiancata alla barca con un'altra imbarcazione carica di clandestini, che non poteva sostenere la traversata tra le coste greche e quelle italiane.

Mi hanno chiesto di uscire in alto mare. Cercavo di fare capire loro che non sapevo neanche quanto carburante avessi a disposizione. Eravamo appena arrivati dall'Albania e non avevamo fatto rifornimento, rischiavamo tutti che finisse in tragedia. Non sentivano ragioni, minacciavano di accoltellarmi, mi tenevano le lame alla gola. Mi hanno obbligato ad accendere il motore e iniziare il viaggio. «Vai avanti» urlavano. «Dove avanti? Avanti c'è l'Africa» rispondevo. Così hanno preso la mappa e hanno indicato il tacco dell'Italia: il Salento. «Vai lì. Vai lì» mi ordinavano. Dicevano di essere talebani, senza scrupoli, abituati a uccidere. Pronti a tutto. Che per loro tagliare la gola è come tagliare un dito. Non potevo fare altro che partire. Mi hanno costretto.

Il gruppo dei sequestratori era più numeroso rispetto a quanto pensassi all'inizio. L'ho capito da come comunicavano tra loro. Erano dieci, undici persone.

Ci abbiamo messo sessanta ore dalla Grecia alle coste italiane. Non c'era niente da mangiare, fumavo e bevevo caffè per non addormentarmi. Non ho chiuso occhio per tre giorni. Durante tutto il tragitto li ho pregati di lasciarmi libero, volevo tornare a casa. Ho moglie, due figlie e i genitori anziani.

Loro parlavano di me, si riunivano in disparte, capivo che facevano discorsi tremendi su di me. Si chiedevano se e quando uccidermi. Probabilmente la decisione è stata quella di arrivare sino alla costa italiana e poi farmi fuori. È stato in quel momento che ho strappato la carta nautica, per non morire dovevo rendermi indispensabile. Quando ne hanno trovato un pezzettino per terra, si sono infuriati. «Uccidiamolo!» qualcuno ha detto. «Fate di lui quello che volete, ma dopo che siamo arrivati in prossimità della costa» immagino abbia risposto il capo. L'ho capito dal tono della voce, dai gesti. Un po' me lo traducevano quelli che parlavano russo.

Quando è finito il carburante eravamo a cinque miglia dalla costa. A bordo c'era un gommone, lo hanno messo in acqua. «Prendi i tuoi effetti personali e sali sul gommone» mi hanno ordinato. Però non mi hanno lasciato solo, sono saliti anche tre di loro, con i coltelli puntati contro di me. Avevo capito che l'intenzione era di uccidermi e liberarsi del mio corpo per poi tornare sulla barca. Ci siamo allontanati per circa due miglia.

All'improvviso abbiamo visto la guardia costiera avvicinarsi ed è stata la mia salvezza. Avvistata la barca hanno gettato i coltelli in mare. Delle armi non è rimasta alcuna traccia. Sulla costa ci aspettava già la polizia, ci hanno fermati tutti e quattro. Poi sono andati a prendere le altre persone sulla barca a vela.

Quando mi hanno arrestato, ho chiesto un incontro con le autorità in presenza dei giudici. Volevo un confronto, volevo spiegare cosa fosse accaduto, ma ho ricevuto solo un rifiuto. Sono stato trascurato. L'avvocato si è presentato senza un interprete.

Quelle persone mi hanno accusato dicendo che ognuno dei clandestini che si trovava sulla barca mi aveva pagato dai 2 ai 3000 euro. Anche se al momento dell'arresto ne avevo con me poco più di 1000 oltre a qualche moneta ucraina. Nient'altro. Non so cosa sia successo ai rapitori che erano con me sul gommone. So che loro avevano l'interprete, sono stati assistiti in modo differente e hanno potuto comunicare con la loro ambasciata. Anche io l'ho richiesto, ma non ho ricevuto risposta. Ho scritto una lettera a Strasburgo, ma niente. L'avvocato non mi ha aiutato più di tanto. Ho chiesto un incontro con quella gente davanti al giudice per verificare i fatti, la verità del mio racconto e delle dichiarazioni che ho depositato, ma nessuno si è interessato. Tutti si sono rifiutati, nessuno ha voluto sentire la verità. Ho insistito affinché ascoltassero gli altri passeggeri che avrebbero confermato gli eventi, testimoniato che sono stato maltrattato, costretto. Perché non mi hanno ascoltato? Non è vero che io ho ricevuto soldi. Dove li avrei messi? Li ho buttati? Li ho mangiati? Nessuno mi ha dato nulla. Sono solo fantasie...

Lo smuggler del Terrore

Taras è un fascio di nervi, si agita mentre racconta la sua storia. Noi siamo immobili davanti ai suoi occhi. Quando termina di parlare, lo riportano nella cella mentre noi rimaniamo a pensare. Come molti condannati, assolve se stesso. Non spetta a noi decidere se Taras sia colpevole, ci siamo limitati ad ascoltarlo e a riportare la sua versione dei fatti. Certamente non coincide con la sentenza del processo di primo grado, diventata definitiva, che lo ha condannato a cinque anni di reclusione per agevolazione dell'immigrazione clandestina. Per Taras il processo si è occupato solo dell'apparenza, non ha scavato in profondità.

Non potremo mai sapere la verità, però di certo c'è che dalla metà del decennio scorso diverse agenzie di intelligence e polizia, in varie parti del mondo, hanno scoperto che le organizzazioni terroristiche internazionali stanno entrando sempre più in contatto con le reti che trafficano clandestini. Nel corso degli ultimi anni diversi gruppi terroristici hanno ricavato ingenti quantità di denaro dalle operazioni di *smuggling*. Si sono inoltre appoggiati ai trafficanti o sui loro servizi per far entrare illegalmente terroristi in paesi occidentali e per trasportare armi.

Taras li chiama «talebani», dice che a lui si sono presentati così. Un gruppo di uomini armati, decisi a portare a termine una massiccia operazione di *smuggling*. Non sapremo mai se davvero Taras sia stato preso in ostaggio da un gruppo di talebani afgani o da qualche cellula estremista. Non sapremo mai se Taras abbia usato il termine «talebano» per confondere e spaventare gli inquirenti, se abbia agitato lo spettro del legame fra talebani e Al-Qaeda per salvarsi. Ma una cosa è certa: il mondo degli *smuggler* e quello delle organizzazioni estremiste non sono così lontani.

Già nel 2004 il rapporto della Commissione nazionale sugli attacchi terroristici contro gli Stati Uniti (la cosiddetta «Commissione 9/11») intitolato *9/11 e il viaggio del terrorista* metteva in guardia sul nesso tra traffico di clandestini e terrorismo globale. Il rapporto indicava che diversi terroristi provenienti da più di una dozzina di noti gruppi estremisti fossero già stati assistiti dagli *smuggler* nei loro viaggi transnazionali. La Cia in particolare ha allertato riguardo a legami fra il traffico di migranti e gruppi terroristici quali Hamas,

Hezbollah e la Jihad islamica egiziana. Nel rapporto inoltre si legge che «con la loro ramificazione globale e le connessioni con produttori e venditori di documenti falsificati e con ufficiali governativi corrotti, i trafficanti di uomini hanno le "credenziali" necessarie per supportare il viaggio del terrorista. [...] Queste connessioni, unite a controlli di sicurezza e di frontiera deboli in molti paesi, rendono i trafficanti di uomini una strada attraente per i terroristi che hanno bisogno di un aiuto nel viaggio. A seguito degli attacchi dell'11 settembre sono emerse informazioni aggiuntive che legano Al-Qaeda ai trafficanti di persone. Dopo la battaglia della coalizione a Tora Bora, i trafficanti hanno assistito combattenti nel fuggire dall'Afghanistan e dal Pakistan. Nel gennaio 2001, gli *smuggler* aiutarono circa quattrocento guerriglieri a Taftan, nel Pakistan, a scappare dall'Iran. Ci sono anche rapporti di forze di polizia, non confermati, che suggeriscono che associati di Al-Qaeda abbiano utilizzato trafficanti in America Latina per viaggiare attraverso la regione nel 2002 prima di continuare alla volta degli Stati Uniti».

Ansar Al-Islam, cellula affiliata ad Al-Qaeda e implicata negli attentati di Madrid dell'11 marzo 2004, è un esempio concreto della sovrapposizione fra terrorismo e traffico di migranti. Il gruppo guadagnava ingenti fondi attraverso una sofisticata attività di contraffazione di passaporti venduti per facilitare migrazioni illegali in Europa. E usava queste sue competenze anche per muovere i suoi membri in paesi dove avrebbero condotto missioni suicide, inclusi Spagna e Iraq.

Di recente anche i servizi di intelligence canadesi hanno sottolineato che tra i migranti ci sono dei terroristi. Nel rapporto del 2013 del ministero della Sicurezza pubblica, dal titolo *La minaccia terrorista al Canada*, si legge: «Il Canada è [...] preoccupato che terroristi stranieri possano tentare di entrare nel paese. Il governo ha intrapreso azioni nel 2012 per ridurre l'immigrazione illegale. Ciononostante, operazioni di *smuggling* continuano ad avere come target il nostro paese e noti terroristi hanno provato a entrare in Canada sulla base di falsi presupposti».

L'Organizzazione internazionale per le migrazioni, in un suo rapporto, ha lanciato un monito sulla minaccia, sempre più concreta e crescente, alla sicurezza nazionale, rappresentata dall'uso da parte di terroristi di organizzazioni di trafficanti di clandestini: «Più i controlli di intelligence e la sicurezza dei visti diventano stringenti per impedire ai terroristi di entrare in modo legale con visti validi, più la minaccia rappresentata dall'ingresso clandestino di terroristi che utilizzano organizzazioni di trafficanti di immigrati crescerà, così come l'imperativo di sicurezza rappresentato dalla cooperazione internazionale nel combattere i traffici di migranti».

Nel luglio del 2012 «The Austrialian» ha pubblicato un servizio in cui riporta che i servizi segreti australiani, l'Asis (Australian Secret Intelligence Service), stanno combattendo una guerra segreta contro i trafficanti di migranti. Stanno inviando piccoli team di agenti in alcune delle regioni più remote del Pakistan per collaborare con le autorità del luogo allo smantellamento di reti di trafficanti che fanno arrivare clandestini e richiedenti asilo in Australia. L'Asis è un'agenzia specializzata in attività antiterroristiche e il fatto che investa risorse nel contrastare lo *smuggling* è un chiaro segno di quanto esso sia considerato strategico a fini di terrorismo.

Insomma, se la storia di Taras non è vera, è quantomeno verosimile.

Epilogo

I pesci piccoli...

Dopo la tragedia di Lampedusa del 3 ottobre 2013, forse per la prima volta nella storia del racconto dell'immigrazione in Italia, si legge una timida attenzione verso il lato oscuro del fenomeno. Verso chi organizza i viaggi, verso gli scafisti. Ci si fa qualche domanda in più, si tenta qualche intervista originale, magari sulle coste libiche. «Scafista» per alcune settimane è la parola d'ordine. Lo scafista, nell'epica intrisa di pietismo, nella miope narrazione cronachistica, è il male assoluto. È lui il colpevole. Dategli addosso e risolveremo il problema. E daremo giustizia ai morti, ai naufraghi, agli scomparsi, a chi ha pagato consapevolmente un servizio conoscendone i rischi, a chi si è indebitato per fuggire senza sapere nulla, a chi si è giocato tutto senza intuire a cosa andasse incontro, a chi non aveva scelta. Insomma, un po' a tutti.

Nella notte tra il 14 e il 15 ottobre 2013, secondo quanto riferisce la guardia di finanza di Reggio Calabria, una grossa operazione di polizia porta al fermo, in acque internazionali, di diciassette scafisti probabilmente egiziani a bordo di una «nave madre»: una grande imbarcazione che traina una barca più piccola, carica di migranti, che viene «sganciata» una volta in prossimità delle coste italiane. Gli scafisti a bordo del natante, senza bandiera e senza nome, hanno appena mollato una modesta imbarcazione con 226 persone a bordo, che ha proseguito il suo viaggio verso il litorale di Crotone. Beccati loro, salvati i migranti: sulla carta, un vero colpaccio.

Di operazioni simili se ne contano diverse ma nessuna di queste è davvero determinante per assestare un duro colpo al traffico di migranti. Sono sempre i pesci più piccoli a essere beccati, quelli che vivono e lavorano nelle aree calde, in cui il rischio è molto più alto. I trafficanti più importanti, i numeri uno, sono, al contrario, quelli che hanno meno problemi con la giustizia e che, se catturati, riescono spesso a cavarsela con poco. È perciò più probabile che sconti una lunga pena detentiva uno scafista, un factotum di medio livello, un operativo, uno che ricopre ruoli da gregario o da ausiliario. Gli organizzatori, i pesci grossi, restano nelle retroguardie, in avamposti sicuri. Protetti dalle lungaggini della burocrazia della giustizia transnazionale. Al riparo dietro le mille frontiere che questa attività attraversa con maestria e in tutta segretezza. Per risalire alla testa che dirige il business c'è infatti bisogno di complesse indagini a cavallo di molti confini e paesi. È necessario far parlare e mettere d'accordo poliziotti e giudici di mezzo mondo. Non sempre, poi, questi crimini sono puniti da normative penali adeguate negli Stati di transito e di origine dei flussi. E anche quando lo sono, capita che il contrasto allo *smuggling* non sia inserito tra le priorità nazionali.

Filippo Spiezia è sostituto procuratore nazionale antimafia. Prima di ricoprire questo ruolo ha lavorato all'Eurojust, l'organismo dell'Unione europea deputato proprio al coordinamento delle indagini giudiziarie in materia di criminalità organizzata transnazionale. Si è occupato a lungo di collaborazione di giustizia in molti casi di *smuggling*. Ci spiega che «non tutti i paesi hanno la stessa attenzione e voglia di collaborare. L'attenzione è forte negli Stati d'arrivo e scarsa in quelli di partenza e di transito. Non tutte le polizie e le autorità giudiziarie hanno, poi, le medesime competenze. E lavorare in team in più paesi quando le stesse sono molto distanti è un'operazione complicata».

Compito di Eurojust è proprio coordinare l'azione di procure di Stati diversi rispetto a casi comuni. Ma mancano banche dati per incrociare le informazioni investigative nei vari paesi, per collegare le indagini. Il dialogo tra Stati è così affidato alla buona volontà, all'impegno individuale e anche un po' al caso e alla fortuna. E questo è un grande limite.

... e i pesci grossi

Josip Lončarić esce di scena sfruttando proprio questo limite. Lo fa a cavallo tra due secoli. E proprio mentre su di lui cala il sipario, fa la sua entrata Muammer Küçük, boss indiscusso degli sbarchi illegali nel Mediterraneo, di qualche anno più giovane del croato. Lo abbiamo conosciuto grazie alle parole di chi è stato nella sua organizzazione. La storia del «piccolo grande turco» è un altro esempio di quanto sia difficile porre un argine all'ascesa professionale di un trafficante di migranti capace di fare il suo mestiere, di quanto sia complicata l'azione di poliziotti e magistrati: guardie che a nuoto inseguono ladri che scappano su motoscafi. E come nel caso Lončarić, la corsa di Küçük verso il successo criminale non viene interrotta quando, più volte, se ne presenta l'occasione.

Muammer Küçük nel gennaio 1997 approda in Italia a bordo di un'imbarcazione che trasporta centocinquanta profughi, soccorsi sulle coste della Puglia mentre la nave sta affondando. Küçük è un membro dell'equipaggio e finisce in carcere. Tre mesi dopo viene liberato ed espulso. Ecco la prima occasione persa di bloccare il trafficante turco. Se solo le autorità avessero intuito quanto grande sarebbe diventato quel giovane piccolo turco, forse non lo avrebbero lasciato andare così facilmente.

Tornato in Turchia, riprende a organizzare trasferimenti senza più rischiare in prima persona. Ha imparato la lezione. Ogni errore lo migliora, lo rafforza. Nel luglio del 2000 il responsabile di una nave di clandestini approdata a Crotone, Ali Mazhar Kir, riferisce agli inquirenti come sia stato arruolato proprio da Küçük: «Dovevo lasciare la Turchia insieme a esponenti del movimento religioso di cui faccio parte. Mi rivolsi a Muammer Küçük. Non mi potevo permettere il viaggio verso l'Europa. Non avevo i soldi e lui mi propose di lavorare per la sua organizzazione almeno un anno, così da guadagnare il denaro sufficiente». Kir accetta e partecipa ad alcune spedizioni. Poi viene arrestato e inizia a collaborare con i giudici di Crotone. Svela i «primi» trucchi del boss turco. Küçük acquisisce fette di mercato perché intercetta la domanda e permette di pagare solo a destinazione; fornisce agli equipaggi mappe e telefonini; dispone di referenti in Italia capaci di guidare gli sbarchi da terra e di gestire i clandestini, facilitando il viaggio verso ulteriori destinazioni. A seguito di questi fatti, Muammer nel 2002 viene arrestato a Smirne. Le indagini durano un anno e sono condotte dalla polizia turca insieme con quella di Crotone e Reggio Calabria e dall'Interpol. Il principale trafficante di clandestini turco ufficialmente vende telefonini. Ha due mogli: gli piacciono molto le donne (è un ulteriore aspetto che lo accomuna a Lončarić). Ha due case, a Istanbul e a Smirne, e mantiene un basso profilo perché non ostenta la sua ricchezza. Viene assolto dopo tre mesi. Basta avere avvocati in gamba. Le leggi non sono ancora severe in Turchia e comunque Küçük viene arrestato prima che il viaggio abbia inizio. Il fatto non sussiste, non si possono processare le intenzioni. È così nuovamente libero di tornare al suo business. Seconda occasione persa di bloccare il trafficante turco. Questa volta in modo ancora più maldestro. Così il «piccolo grande turco» continua indisturbato a farla da padrone nel trasporto illegale di migranti in partenza dal Bosforo. La sua attività cresce e diventa l'impero economico criminale che ci ha raccontato Ohran. Un'impresa che fattura milioni di dollari, dagli ingranaggi ben oliati, con i giusti contatti con imprenditori, politici e appartenenti alle forze dell'ordine: con l'immigrazione clandestina si possono avvantaggiare in tanti.

È proprio Muammer Küçük che sul finire dei primi anni Duemila si inventa lo stratagemma delle barche a vela che abbiamo raccontato all'inizio di questo libro. Gli yacht con sottocoperta decine di afgani, bangladesi, iracheni, pachistani, palestinesi. Küçük nel solo 2010 perde cinquantadue velieri nel canale di Otranto e altri venticinque davanti alle spiagge calabresi intorno a Riace, ma chissà quanti ne fa arrivare a destinazione indisturbati. Solo che poi i suoi skipper, gli unici a pagare, cominciano a parlare. Luoghi, nomi, indirizzi, numeri di cellulare vengono riferiti ai pubblici ministeri di Lecce. Così il procuratore Cataldo Motta, capo della Procura del capoluogo salentino, dà vita a una piccola task force di investigatori. Questa volta Küçük non può sfuggire. Parte la collaborazione investigativa italo-turca: un'operazione congiunta che porta alla sua cattura. È il maggio 2011. Insieme a lui scattano le manette anche per un candidato del Partito democratico turco e un imprenditore del settore farmaceutico. Questa, forse, è la volta buona. Le norme penali sullo *smuggling* anche in Turchia ora sono cambiate, sono più severe. Il grande trafficante potrebbe uscire di scena così. Almeno per ora. Lascia i suoi affari senza volerlo, costretto da un paio di manette. Ma nemmeno gli inquirenti italiani che hanno seguito il caso sanno se Küçük è stato poi condannato; e nessuna fonte attendibile riesce a darci informazioni certe su dove si trovi adesso. Forse anche lui è scomparso nel nulla e magari presto riapparirà. E forse anche la sua parabola criminale è prossima alla fine. Sì, perché la carriera criminale di ogni trafficante di migranti, grande o piccolo che sia, inizia, si dipana e poi, come tutto, ha un termine: non sempre però la parola fine viene scritta dietro le sbarre.

L'arresto di Küçük fa capire quanto sia importante la collaborazione congiunta tra Stati diversi. Se tra Italia e Turchia non si fosse operato in questo modo probabilmente al posto suo sarebbe stato arrestato l'ennesimo pesce piccolo del sistema. Ma purtroppo, come ha spiegato Filippo Spiezia, questa sinergia rappresenta ancora un'eccezione. E anche quando la collaborazione ha luogo può arrivare un processo a vanificare il lavoro degli inquirenti.

Nel frattempo c'è già qualcun altro che segue le orme di Lončarić e di Küçük. Che li considera dei modelli e che ha imparato da loro, che li ha studiati, che ha appreso le loro tecniche criminali e le sta migliorando. Già lavora nell'ombra il nuovo trafficante, organizza nuovi viaggi e nuove strategie per entrare in Europa. E intanto fattura milioni di euro mentre il suo impero si allarga. Intanto corrompe nuovi funzionari di polizia ai quattro angoli del mondo, stringe nuove alleanze, elabora nuove possibilità e nuove rotte in barba ai controlli, alle pattuglie europee, ai muri e alle reti di protezione, alle telecamere termiche, ai guardacoste. E i suoi clienti, i migranti, decine, centinaia, migliaia, stanno già entrando illegalmente in Italia proprio ora, mentre chiudete l'ultima pagina di questo libro. E lui, mister X, è «uno»:

ha una faccia, un nome, un soprannome, magari persino un fascicolo investigativo che riposa sul tavolo di qualche pubblico ministero in giro per il mondo. Ma è sfuggente e astuto. È allo stesso tempo «nessuno», perché spesso la polizia e la magistratura nemmeno sanno che esiste. È «centomila», perché ha le competenze e le abilità criminali di tutti quelli che abbiamo incontrato lungo il nostro viaggio.

Appendice alla nuova edizione ampliata

Premessa

Mentre il perfetto trafficante studia nuove rotte e nuove strategie di marketing per la più grande agenzia di viaggi illegale del mondo, l'Europa sta a guardare. Osserva, impotente e spesso indifferente, i movimenti attorno alle sue frontiere sempre più chiuse, spesso militarizzate, e ciononostante attraversate da migliaia e migliaia di irregolari. Osserva e solo a tratti interviene per salvare vite umane in un Mediterraneo che è già un cimitero gigantesco. Osserva e spende miliardi di euro per proteggersi, alimentando il business dei tanti El Douly e Kabir. Ascolta rigurgiti razzisti in molti paesi membri, dove più di una sporadica voce elegge l'immigrato a nemico, a causa di tutti i mali, primo fra tutti la crisi economica. Ascolta indifferente stravolgimenti di numeri e stucchevoli e odiose operazioni di mistificazione della realtà: «c'è un'invasione in corso»; «vogliono rimanere tutti qui»; «portano l'ebola»; «sui barconi ci sono i terroristi dell'Isis». Il dibattito politico è di basso livello, i giornalisti nei talk show non citano dati oggettivi né smentiscono le «bufale» pronunciate da specialisti improvvisati. E dove la disinformazione dilaga, è la propaganda ad avere la meglio. Il politico parla alle pance, e il giornalista non traduce alle teste. La comunicazione è emotiva, non razionale.

Chi osserva le morti e le ingiustizie e non fa nulla, o fa male, è complice. Non è un afflato terzomondista questo. È la realtà dei numeri e delle cose. La gente si muove. Erigere muri sempre più alti non serve, piuttosto allunga i viaggi nelle mani dei criminali e li rende più costosi, aumenta i rischi.

Il balletto di cifre sui rifugiati da accogliere in quote dimostra quanto i singoli paesi intendano lucrare politicamente sulla questione. Tutti a dire: «Io ne prendo 2000, io 5000, non di più». L'esempio degli Stati europei chiusi all'immigrazione è manna elettorale per le destre. Ma questa non è gestione, non è politica. Dov'è la visione? Dove le prospettive?

Un giornalista e un criminologo possono interrogare il presente e tentare in punta di penna di tratteggiare scenari per il futuro. Ma la politica dovrebbe avere lo sguardo lucido e lungo sull'avvenire. Dovrebbe indirizzarci, mostrarci quello che non riusciamo a vedere. Come in ogni riflessione razionale, bisogna partire dal lessico. È tempo di sostituire la parola «clandestino» con il termine «irregolare», ma soprattutto di smetterla di parlare di «emergenza» immigrazione. L'immigrazione è strutturale, gli sbarchi ci sono da anni e continueranno a esserci. I trafficanti non sono solo «carnefici» e «mercanti di morte». Sono soprattutto mercanti di diritto d'asilo, quello che l'Europa non offre, costringendo i rifugiati a rivolgersi alle organizzazioni criminali.

Le riflessioni sul presente e le proposte per il futuro contenute nei due nuovi capitoli di questa edizione ampliata sono nate anche raccogliendo la testimonianza diretta dei trafficanti lungo la rotta balcanica. Perché non esiste solo il Mediterraneo. E mentre nel Mare Nostrum si moltiplicano le tragedie dei naufragi e dei cargo fantasma carichi di profughi, mentre tutti parlano di Libia, di trafficanti libici e di operazioni militari contro le navi dei trafficanti libici, noi abbiamo voluto portarvi lungo una rotta meno nota ma non meno battuta. Una rotta dove i traffici di migranti e richiedenti asilo sono altrettanto fiorenti ma, siccome non si vedono, per l'Europa non esistono.

Balcani, la porta silenziosa

Prologo balcanico

Lojane, Macedonia, marzo 2015. L'ultima casa del paese è a 500 metri dalla Serbia, su una strada chiusa. La temperatura è di circa 10 gradi sotto lo zero. I boschi sulle colline attorno all'abitato fiatano una nebbia densa. Il villaggio conta poche migliaia di abitanti, tutti albanesi. La polizia macedone qui non è ben vista, e poco si vede. Skopje è lontana, e la comunità albanese denuncia discriminazioni e isolamento.

Alle prime luci dell'alba tre siriani fanno capolino nell'abitato. Spuntano dai campi ghiacciati, con indosso cappotti logori. Le scarpe sono rotte, la suola quasi inesistente, i piedi sanguinanti e fasciati con bende di fortuna. Dopo sei giorni di cammino da Salonicco, in Grecia, sono arrivati qui, all'ennesimo confine, in una delle tante «giunture» dei Balcani: Lojane, la piccola porta che ogni giorno vede transitare centinaia di migranti.

Altre ombre passano tra i vicoli con in mano sacchetti di plastica. Scambiamo due parole appena, sono afgani. Hanno passato la notte presso un abitante della zona. Ma il nostro contatto locale ci suggerisce di non indagare. La casa appartiene a una famiglia molto nota. «Un paio sono in prigione per l'omicidio di due poliziotti, uno era un ufficiale.

Sono tutti armati qui» ribadisce la nostra guida. «Le armi non le vedi, ma tutti hanno un kalashnikov in casa. Dopo la guerra ogni famiglia deve proteggersi.»

«Anche dai curiosi» pensiamo noi. Passiamo quasi una settimana a Lojane. I primi giorni senza la necessaria autorizzazione della polizia. Frequentando i bar, parlando con l'imam, il capo villaggio. I sorrisi sono rari, le labbra spesso tirate, le occhiate tra le nuvole di fumo insistenti e sospettose. Non siamo proprio i benvenuti. C'è chi sussurra che è la polizia a gestire il traffico, altri che i migranti passano il confine senza pagare alcun trafficante. La strada verso la Serbia in effetti non è controllata dalle autorità macedoni. Al commissariato locale però dicono che ci sono diverse telecamere puntate sul confine, la cui demarcazione è quasi invisibile. Puoi mettere entrambi i piedi in Serbia senza che nessuno dica nulla.

Finalmente otteniamo il permesso di entrare a Lojane legalmente, con telecamera e macchina fotografica, scortati da alcune pattuglie della polizia. Sempre all'alba, i poliziotti intercettano tre migranti e li conducono a Skopje. Nei due giorni di visita «ufficiale» che restano, però, per strada non si scorge più nessun migrante. Piuttosto, fa notare il nostro accompagnatore, è pieno di uomini agli angoli delle strade che controllano. E apparentemente controllano noi. Un amministratore locale l'ultimo giorno della nostra permanenza nella provincia chiosa: «Tutto non è come appare a Lojane, ricordatelo. La verità qui è nascosta».

Il tassista dal cuore d'oro

Bogovađa, Serbia, estate 2014. Nella piccola cittadina, uno degli snodi fondamentali dello smuggling in Serbia, incontriamo Goran. Fa questo lavoro da anni, con un taxi scassato e dall'avviamento stentato. Una volta partito, però, macina chilometri e chilometri. E i clienti pagano e sono felici, più soddisfatti della media. Perché Goran fornisce loro un servizio speciale: dalla Serbia li fa arrivare in Ungheria, li fa entrare in Europa, direzione Italia, Austria, Germania, Inghilterra. Sono siriani, afgani, pachistani, iracheni, curdi. Ma ci sono anche nordafricani e sudanesi, eritrei e somali. Uomini, soprattutto, ma a volte anche donne e bambini.

Qui nella zona di Bogovađa, a meno di un paio di ore dalla capitale Belgrado, ne giungono a decine ogni giorno, centinaia al mese, perché appena fuori dal paese c'è il centro richiedenti asilo. Una struttura nuova e ben organizzata che arriva ad accogliere più di cento migranti ed è riservata soprattutto alle famiglie. Ecco perché molti uomini che viaggiano soli non hanno accesso a letti e pasti caldi e sono costretti a dormire fuori, alcuni nel bosco che circonda la struttura, spesso in tende di fortuna, in capanne, in roulotte abbandonate.

La rotta balcanica è più battuta e meno rischiosa di quella mediterranea. Solo che bisogna camminare a lungo, attraversare tante frontiere a piedi ed entrare e uscire dall'Europa più volte. Oppure trovare buoni *smuggler*.

Goran lo sa bene. I suoi clienti arrivano stanchi, desiderosi di completare quel lungo viaggio. E la concorrenza è alta. Allora lui ha abbassato i prezzi: 50 euro a testa per raggiungere il confine ungherese, che dista meno di 300 chilometri, quasi tutti di autostrada.

I suoi colleghi chiedono molto di più, a volte il quadruplo. Gli altri tre *smuggler* che vediamo all'opera chiedono fino a 1500 euro per ogni auto, sono vetture voluminose le loro. «Non daranno nell'occhio?» ci chiediamo.

Goran non rivela per chi lavora ma deve essere uno grosso, come Reja, un boss pachistano che il serbo cita spesso nei suoi discorsi. Di polizia qua attorno neanche l'ombra.

Tutta l'area di Bogovađa vive di smuggling. È un segreto di pulcinella. Le persone coinvolte sono tante e a vario titolo. Soggiorniamo in un albergo di un villaggio vicino. Ci scrutano, dicono che non c'è posto. Poi chiedono i documenti: vedono la nazionalità italiana e all'improvviso spunta una camera dai muri marci. A dieci euro a testa. La sera, nella sala comune, una decina di migranti, tra cui alcuni africani, sono al telefono per organizzare il resto del viaggio fino al Nord Europa. Alberghi, ristoranti, bar: è qui che si chiudono gli accordi. Bisogna solo rivolgersi a quelli giusti.

Naturalmente se hai i documenti, ossia la richiesta di asilo presentata qui in Serbia. Se invece sei entrato da irregolare, e attraversi il paese come un fantasma, allora cerchi riparo nel bosco, in tende di fortuna, o alloggi a pagamento a casa di qualcuno.

«Tanti stanno in case private, è chiaro» racconta Goran. Resti qualche giorno in attesa, ben nascosto, paghi affitto e cibo, e poi, quando tutto è pronto e hai racimolato i soldi, riparti verso l'Ungheria.

Goran ha moglie e figli. Faceva il camionista prima di diventare tassista. «Mio padre lo ha fatto per venticinque anni, io ormai da quindici.» È naturale, solo chi conosce bene queste strade e queste frontiere, chilometro dopo chilometro, boschi, sentieri e direzioni, può fare questo lavoro. Negli anni Novanta Josip Lončarić aveva iniziato proprio facendo la spola in taxi tra Croazia e Slovenia.

Secondo i regolamenti serbi, i tassisti non possono portare i migranti a più di 12 chilometri dal confine. Serve a scoraggiare gli *smuggler*. «Gli altri trafficanti – racconta Goran – li portano a 5 chilometri circa dal territorio ungherese. Gli indicano la direzione, e via!» Lui invece fa il suo lavoro per bene: «Io li accompagno proprio a ridosso del confine. Io so quali strade prendere e arrivo a un chilometro appena. Gli indico la direzione nel bosco e gli dico: "Dritto di là e siete in Ungheria, chiaro?". Non mi interessa fare un mucchio di soldi. Faccio il mio lavoro e li aiuto».

I numeri di Goran? 1000 clienti l'anno, 50 euro a testa, quattro o cinque clienti a viaggio, due tre viaggi a settimana. Insomma, abbiamo di fronte un «piccolo» *smuggler* da 50.000 euro l'anno. Ma come lui ce ne sono decine che fatturano cifre infinitamente più alte. Perché la clientela è vasta e la domanda in crescita.

«I clienti migliori? I siriani» prosegue Goran. «Dicono una cosa ed è quella. Gli africani? Bla bla bla per ore. Concordi una cifra con loro, mettiamo 300, poi scendono a 200, poi ti offrono 150, naaah.

«Comunque le cifre sono scese. C'è molta concorrenza ora. Sono arrivati i grandi boss a fare questo lavoro. Fino a qualche anno fa, per andare dalla Macedonia fino a qui a Bogovađa erano 400 euro. Bogovađa-Italia 2800 euro, mentre adesso la tariffa è scesa a 1600 euro. Fino a qualche tempo fa arrotondavo bene anche con i trasferimenti di denaro. Mi fingevo amico dei migranti, loro si facevano mandare i soldi a mio nome con Western Union e io dopo glieli giravo trattenendo una piccola percentuale. Poi il tizio della banca mi ha chiesto: "Ma quanti amici stranieri hai?!". E così la polizia è venuta da me e io ho messo fine al giochino. L'anno scorso avevo ritirato in tutto 80.000 euro.»

Un giorno un gruppo di migranti ci chiede un passaggio in Italia con la nostra auto. Di trasformarci in trafficanti di migranti. Goran ci fa sapere quanto dovremmo domandare: 7000 euro circa per arrivare fino a Milano. Ma bisognerebbe sapere come fare una volta al confine. Come eludere i controlli.

Essere in grado di corrompere la polizia è fondamentale, così come sapere dove far scendere i migranti in prossimità del confine e come farli risalire dopo averlo passato. «Spesso ti tocca pagare due volte la stessa sera» ci dice Goran. «Becchi un posto di blocco e la polizia ti chiede i soldi, e tu paghi. Poi 20 chilometri dopo ti fermano di nuovo e tu paghi ancora. Così lasci prima 100 euro e poi altri 50. Tu provi a raccontargli che hai appena sborsato agli altri poliziotti, macché, niente da fare: si deve pagare, punto e basta. Comunque alla fine a me la polizia rompe poco i coglioni perché io lavoro da solo.»

Sono vari i punti nevralgici dove si incontrano i trafficanti e dove i migranti concordano la cifra. Non solo nei bar o negli alberghi di Bogovada ma anche in quelli dei paesi vicini. Goran ci indica un elegante caffè a Lazarevac. Secondo lui è uno dei luoghi dove si fanno affari. Ci passiamo insieme una serata, tracannando birra Jelen. Ci torniamo altre due volte per fare colazione, ma di business dei migranti nemmeno l'ombra.

Alcuni migranti sono coinvolti a loro volta nel traffico. Uno lo vediamo in azione mentre accompagna alle macchine quindici suoi connazionali. Vive qui da tempo. Conosce tutti e tutti lo conoscono. Ha già sperimentato il traffico come cliente. È la persona ideale.

Radoš Đurović dirige una ong di base a Belgrado, molto attiva nella gestione dei richiedenti asilo. Nel piccolo ufficio della capitale racconta di come spesso i migranti, più volte rimbalzati tra le frontiere, si trasformino in «agenti», cioè in mediatori con i trafficanti.

All'inizio lo fanno anche gratis. Poi sono gli stessi clienti a offrire loro un compenso per i servizi di intermediazione.

«Uno dei maggiori trafficanti è Reja, un boss della mafia pachistana» torna a dirci evasivo Goran. «Un paio di volte la polizia ha arrestato un mio amico tassista per fargli domande su Reja e poi lo ha rilasciato.»

Non solo boss. Nella zona di Bogovađa lo *smuggling* è un business che coinvolge tanti attori. Difficile verificare tutte le voci e le mezze allusioni che captiamo. Il centro richiedenti asilo è un bacino di clienti e non potrebbe essere altrimenti, è una legge di mercato. Il perché è presto detto: nessuno vuole davvero restare in Serbia. Solo che richiedere asilo consente di prendere tempo e di avere i documenti in regola per un po', quanto basta per lasciare il paese.

Un tardo pomeriggio di luglio, afoso e stanco, mentre ci inerpichiamo sulla lingua d'asfalto che porta al centro di Bogovađa passando di fianco alla base militare serba, assistiamo a un'operazione di *smuggling*. Siamo con due sudanesi, uno di loro viaggia con un bimbo di tre anni. Ci raccontano di Karthum e del Darfur, delle violenze e delle repressioni, della fuga dal paese, dell'arrivo in Turchia e dell'odissea fino in Serbia: settimane di viaggio e migliaia di euro spesi. Mentre le parole fluiscono arrabbiate e a tratti scorate, tre grosse auto arrivano veloci e si fermano in un piazzale sterrato ai bordi della strada. Dal bosco sbucano a passo spedito almeno quindici migranti accompagnati dal loro «mediatore». I tre tassisti fanno salire veloci i clienti sulle macchine. Viaggiano leggeri, piccoli zaini in spalla, una bottiglia d'acqua a testa, qualcuno nemmeno quella.

Le auto sono grosse e costose. Una è addirittura a sette posti. Non passano inosservate. Uno degli autisti ci vede, tradisce un attimo di preoccupato stupore e, tenendo fermo lo sguardo su di noi, fa entrare tutti velocemente. Noi continuiamo a chiacchierare con i due sudanesi, come se nulla fosse, fingendo di non interessarci a quella operazione da 5000 euro circa.

Le macchine sgommano via in tutta fretta, direzione Ungheria. Se tutto andrà bene, in poco più di tre ore i clienti saranno entrati in Europa. Noi restiamo lì, con due sudanesi che non hanno abbastanza soldi per permettersi quel viaggio e il migrante mediatore visibilmente in imbarazzo. Con lui scambiamo qualche parola di circostanza, poi ci lasciamo.

La nostra presenza, dopo alcuni giorni, diventa ingombrante. Uno dei capi della comunità ci dice che non possiamo fare foto, che dobbiamo andarcene, altrimenti chiama la polizia. Ci caccia in malo modo. Il punto non è affrontare la polizia, il che non sarebbe di per sé un problema. Il punto è che, come spesso accade in situazioni simili, abbiamo fatto troppe domande, ci siamo resi troppo visibili. Insomma, probabilmente nessuno parlerà più. Nessuno ci racconterà più le centinaia di migliaia di euro intascati da chi qui organizza il business dei migranti.

Gli alberghi ospitano i migranti, i collaboratori dei trafficanti affittano a prezzi altissimi le stanze per nascondere i clienti, i tassisti/trafficanti alimentano il venefico business. I due bar vicino al centro richiedenti asilo hanno alzato i prezzi. Nessun reato però, beninteso! Sono soldi facili, grazie al transito dei migranti.

Compriamo una bibita e torniamo alla macchina, direzione Italia. Per noi le frontiere sono aperte ed è tutto facile. Per i circa 60.000 migranti che transitano attraverso i Balcani ogni anno (secondo le stime di Oim, l'Organizzazione internazionale per le migrazioni, 20.000 transiti registrati, ma la cifra va almeno triplicata perché molti riescono a passare senza farsi fermare), le cose sono molto, molto più difficili.

Spuntare le armi ai trafficanti in 15 mosse
Suggerimenti all'Italia e all'Unione europea

I trafficanti di migranti e richiedenti asilo irridono l'Europa, che con la sua disorganizzazione non fa altro che alimentare il loro business. La rete, la fiducia, la collaborazione, l'organizzazione, la stabilità, la razionalità che dimostrano i trafficanti sembrano invece concetti estranei ai paesi dell'Unione europea, che conduce contro di loro una politica scoordinata e a macchia di leopardo: uno Stato pensa al soccorso dei migranti, l'altro chiude le frontiere; un solo paese concede asilo alla stragrande maggioranza dei richiedenti e assume su di sé il carico per tutta l'Unione; uno Stato è abilissimo nelle investigazioni sui trafficanti mentre un altro è totalmente inadeguato. In breve, ognuno disegna le politiche migratorie che vuole e tratta i migranti come vuole.

D'altro canto l'Unione europea non può nemmeno pensare che dichiarando guerra ai trafficanti libici sul suolo libico, o distruggendo tutti i barconi dei trafficanti in Libia, possa davvero cambiare nel breve o nel lungo periodo la situazione complessiva del traffico di migranti e di richiedenti asilo verso l'Europa. I trafficanti non sono solo in Libia, né lo sono le radici del problema. I trafficanti sono tanti, sono presenti in tutti gli Stati e sono scaltri e veloci a riorganizzarsi. Pensare di fermarli con le misure finora messe in atto è come pretendere di ostruire un fiume impetuoso con una frana, ignorando che questo prima o poi riuscirà ad aprirsi un nuovo corso.

Le carenze del sistema istituzionale Europa sono la linfa vitale dei trafficanti. Bisogna rispondere alla loro organizzazione criminale con altrettanta organizzazione. Alla loro razionalità con una superiore razionalità istituzionale. Alla loro rete con una rete ancora più coesa. Alla fiducia con ancora più fiducia.

Organizzazione, razionalità, rete e fiducia tra gli Stati dell'Unione europea sono vitali se si vogliono salvare vite umane ed evitare che le decine di miliardi di dollari che i trafficanti guadagnano ogni anno siano reinvestiti in altri business criminali transazionali che mettono a rischio anche la sicurezza dei nostri paesi. Incluso il terrorismo internazionale.

Serve una strategia complessa e articolata. Una visione politica di ampio respiro. E se non si metterà mano anche alle politiche di migrazione e di asilo, come sostiene il presidente del Parlamento europeo Martin Schulz, si rischierà di trasformare il Mediterraneo in un cimitero.

La strategia in 15 mosse che illustriamo di seguito minerebbe l'attività dei trafficanti di migranti e richiedenti asilo, così come ci è stata spiegata dai trafficanti stessi.

Essa si regge su 3 pilastri, che dovrebbero essere i cardini di un'azione coordinata dell'Unione europea, messa in campo da tutti i 28 paesi membri: a) repressione; b) prevenzione; c) protezione.

Molti degli interventi qui proposti potrebbero essere inseriti in una Direttiva Ue sul traffico di migranti e richiedenti asilo simile a quella già esistente sulla tratta di persone a scopo di sfruttamento. D'altronde anche la Convenzione sulla criminalità organizzata transnazionale della Nazioni unite ha un protocollo contro il *trafficking* e uno contro lo *smuggling*.

Una direttiva europea permetterebbe di includere e rendere omogenee negli Stati membri le regole di diritto penale, quelle relative alla prevenzione del fenomeno e le politiche di protezione e assistenza di migranti e richiedenti asilo.

Questa direttiva, proprio come quella sul *trafficking*, dovrebbe istituire anche un coordinatore europeo per la lotta al traffico di migranti e di richiedenti asilo allo scopo di garantire un approccio uniforme nella lotta contro tale fenomeno all'interno dell'Ue.

a) Repressione

La lotta contro lo smuggling *deve rispondere ai principi di uniformità di azione, organizzazione capillare e specializzazione. Deve permettere di lavorare su scala transazionale: non è possibile fermarsi allo scafista senza arrivare ai boss che sono al sicuro nelle retrovie.*

1. **Reati di *smuggling* severi e uniformi in tutti gli Stati Ue** – Il traffico di migranti e richiedenti asilo deve essere considerato un reato serio e tanto più serio quanto più coinvolge gruppi criminali organizzati e mette a rischio i migranti. Dovranno essere previsti il sequestro e la confisca di tutti i beni utilizzati per le attività di *smuggling*.

2. **Potenziamento delle attività di Eurojust** (l'unità europea di cooperazione giudiziaria istituita per rafforzare la lotta contro le forme gravi di criminalità organizzata transnazionale) **in materia di *smuggling* e *illegal immigration* e creazione di team specializzati in ogni Stato membro** – Occorre istituire gruppi di polizia e gruppi di pubblici ministeri in ogni paese della Ue. Creare pool specializzati su singole etnie, sulla criminalità organizzata e ovviamente sul *migrant smuggling* (anche per i terrorismi)

in tutti i paesi. In Italia la competenza di giustizia spetta già alle Direzioni distrettuali antimafia, ma si potrebbero istituire pool dedicati al loro interno.

3. Banche dati antitraffico – Per acquisire informazioni dai migranti e creare banche dati per tracciare profili delle reti di *smuggler* (porti di partenza, contatti, tariffe, numeri di telefono, eventuali violenze) saranno necessari un sistema informativo centrale su questo tema e un raccordo tra i sistemi informativi degli Stati Ue (tutti gli investigatori inseriscono gli atti, tutti li possono vedere). Questo consentirebbe di «connettere i punti», di investigare senza fermarsi allo scafista e di procedere con indagini collegate e di ampio respiro. Le uniche efficaci.

4. Collaborazione, mirata e potenziata, tra le forze di polizia e gli organi di giustizia degli Stati Ue e quelle degli «Stati ponte» – Sono necessarie squadre di lavoro di magistrati e pubblici ministeri inter-Stati e accordi di collaborazione specifici tra polizia e giustizia. Accordi mirati, con gli Stati giusti, che rappresentano snodi importanti del traffico (come Turchia o Egitto). Il finanziamento di questi gruppi di lavoro avverrà con denaro Ue e gli accordi non saranno presi tra uno Stato dell'Ue e lo Stato straniero ma tra tutta l'Unione e lo Stato straniero.

5. Lotta agli intermediari criminali e alla corruzione negli «Stati ponte» – Occorre colpire gli intermediari (vettori, agenzie di viaggi, albergatori, imprenditori) che facilitano il lavoro dei trafficanti di migranti e richiedenti asilo e la domanda di lavoro in nero negli Stati di destinazione, e lottare contro la corruzione delle forze di polizia e doganali soprattutto negli «Stati transito» e negli «Stati ponte» (come Turchia, Grecia, Serbia).

6. Lotta ai trafficanti 2.0 – I trafficanti usano i social come Facebook e Twitter molto spesso alla luce del sole. Hanno pagine personali con tariffe, foto di navi da crociera, punti di partenza, offerte di documenti falsi. Occorre scoraggiarne la fruizione e usare i social per fini di intelligence.

b) Prevenzione, riduzione delle opportunità, attacco delle cause

Bisogna abbandonare l'approccio emergenziale: prevenire è meglio che curare. La prevenzione consiste nel disarticolare il lavoro degli smuggler, *renderlo più difficile, boicottando l'agenzia di viaggi più spietata al mondo e offrendo alternative legali ai richiedenti asilo.*

7. Realizzazione di una politica migratoria comune a livello Ue che preveda la creazione di centri di gestione delle pratiche nei paesi di origine dei flussi – Bisogna impedire che ogni paese dell'Unione attui una politica autonoma in materia di migrazione. Occorre intervenire congiuntamente, distribuire il carico tra i paesi in modo equo e «contrattare» le misure con gli Stati d'origine. Bisogna far conoscere le opportunità legittime di migrazione nei paesi d'origine e rendere possibili le pratiche in loco, attraverso uffici dell'Ue. Più apertura e meno «Fortress Europe», meno repressione e più accoglienza intelligente non si traducono in un'apertura incondizionata, bensì in meno opportunità per i trafficanti e in meno traffici illeciti.

8. Creazione di corridoi umanitari: centri per la richiesta di asilo in paesi vicini a quelli di origine – Si deve evitare che un profugo afgano, siriano o somalo arrivi fino ai confini dell'Unione europea servendosi dei trafficanti e rischiando la vita per avere quello che comunque gli spetta. Entrare in Europa è un suo diritto, tanto vale permettergli di esercitarlo senza ricorrere ai trafficanti o rischiare la vita. L'Ue potrebbe organizzare una base per la richiesta di asilo direttamente in Turchia o in Egitto, impedendo o scoraggiando i trafficanti dal lavorare in Nord Africa o in Turchia.

9. Attacco ai fattori che alimentano la domanda di traffico – È la disperazione degli Stati d'origine che alimenta il «sogno» di una vita migliore nei paesi europei. Molte nazioni europee hanno rapporti privilegiati con gli Stati di transito e soprattutto di origine dei flussi: quasi sempre ex colonie o paesi con stretti rapporti di collaborazione economica. Occorre migliorare concretamente, tramite investimenti Ue, tale collaborazione, incentivando lo sviluppo in cambio di un maggiore controllo dei flussi in partenza. Tali aiuti devono essere monitorati attraverso un'attenta valutazione della loro efficacia (*outputs* e *outcomes*). La domanda può essere scoraggiata anche attraverso apposite campagne di informazione e sensibilizzazione in loco, finanziate dall'Unione europea, e tramite la creazione di opportunità nei luoghi d'origine.

Questi investimenti a lungo termine a favore della crescita economica e della stabilità avranno un ritorno virtuoso sull'Europa, che in questo modo avrà paesi vicini più stabili e floridi.

10. Chiudere le falle – Un sistema normativo vulnerabile favorisce lo *smuggling*. In Italia per esempio andrebbe rivisto il sistema dei permessi di soggiorno stagionale nominativi, perché crea ghiotte occasioni per i trafficanti.

11. Follow the money – Spesso i *money remittance services* sono usati per spostare il denaro *cash* necessario alle transazioni dello *smuggling*. L'Unione europea deve rendere più efficace il monitoraggio e il controllo di queste agenzie.

12. Occhio ai documenti falsi – Occorre migliorare la qualità dei documenti per evitare contraffazioni.

c. Soccorso, assistenza, protezione dei migranti

Occorre porre al centro la protezione dell'essere umano, la dignità dei migranti e dei richiedenti asilo. L'Europa deve rispondere alla barbarie con la cultura dei diritti umani.

13. Un mare un po' meno nostrum e un po' più europeo – Serve una vera e costante operazione umanitaria di salvataggio in mare, condivisa tra gli Stati Ue, con mezzi e uomini adeguati e soprattutto addestrati per evitare «tragedie» indotte, con pattugliamenti aerei efficienti e alimentata con le risorse necessarie. L'operazione «Triton», che ha rimpiazzato «Mare Nostrum», non è un'operazione umanitaria. Bisogna tornare alla salvaguardia delle vita umana.

A chi dice che una simile operazione alimenterebbe i trafficanti rispondiamo che:

1) nessuno sa che cosa succedeva prima, quando il riflettore non era puntato sul Mediterraneo;

2) un'operazione di questo tipo non alimenterebbe il traffico totale verso l'Unione, semmai lo renderebbe più visibile o lo convoglierebbe su una sola rotta.

In assenza di quella mediterranea, i migranti e i richiedenti asilo arriverebbero comunque: i trafficanti userebbero altre rotte, spesso altrettanto rischiose.

14. Assistenza e protezione – Gli Stati membri devono garantire assistenza e sostegno ai migranti oggetto di traffico e protezione alle «vittime», anziché espulsioni immediate o l'invio in centri di detenzione provvisoria. In qualità di vittime particolarmente vulnerabili, i minori non accompagnati devono beneficiare di misure complementari, quali l'assistenza fisica e psicosociale, l'accesso all'istruzione e, all'occorrenza, la possibilità di designare un tutore o un rappresentante.

In conclusione: anticipare i criminali

15. Prevedere le rotte future e le nuove mosse dei trafficanti, anche attraverso un'intelligence geostrategica – Alle misure europee corrisponderanno delle contromosse da parte delle organizzazioni di *smuggling*. Per questo sarà essenziale continuare ad aggiornare il piano delle risposte europee. Fondamentali sono lo studio e l'analisi delle rotte e delle organizzazioni criminali, anche attraverso una più intensa attività di intelligence geostrategica. Bisogna prevedere un servizio informativo europeo sui temi del traffico e del terrorismo e su quelli di sicurezza interna ed esterna dell'Unione.

Non costi ma benefici

Tutto ciò costa? Sì. Aggregare pool investigativi e gestire banche dati richiede risorse. Ma quanto rende in termini di giustizia? Quanto vale smantellare reti criminali, tracciare il denaro che potrebbe anche indirettamente finanziare il terrorismo internazionale? Quanto fa risparmiare? L'immigrazione è una risorsa. Non può essere solo un'emergenza.

I paesi dell'Unione europea spendono comunque molto, ma in modo scoordinato e spesso agendo da soli. Secondo Amnesty International, tra il 2007 e il 2013 l'Ue ha speso quasi 2 miliardi di euro per proteggere le frontiere, a fronte di 700 milioni per migliorare la situazione dei richiedenti asilo e dei rifugiati al suo interno. E questo tira l'acqua al mulino del trafficante. È quanto ci hanno spiegato i trafficanti di migranti quando li abbiamo incontrati: «È l'Europa, siete voi, ad alimentare il nostro business». Ecco. È arrivato il momento di dire basta.

Ringraziamenti

Un grazie doveroso va a tutti coloro che negli ultimi due anni e mezzo ci hanno aiutato in questo viaggio.

A tutti quelli che in tanti luoghi diversi del mondo hanno scelto di affidare a noi il loro passato o presente criminale.

A tutti quei migranti che ci hanno raccontato le loro storie e hanno accettato di condividere un pezzo della loro vita, del loro dolore e delle loro speranze con noi.

A tutti i magistrati e i membri delle forze dell'ordine che ci hanno aiutato a indagare il fenomeno e a svelarlo; tra gli altri, Guglielmo Cataldi, Cataldo Motta, Filippo Spiezia, Antonella Chiapparelli, Paolo Patrizi, Giuseppina Petecca.

Quasi tutti sono stati citati in questo libro ma di alcuni, pur volendo, non abbiamo potuto fare i nomi per garantire l'anonimato delle nostre fonti. Anche e soprattutto a loro va il nostro ringraziamento.

Al Dipartimento dell'amministrazione penitenziaria italiana per il supporto e l'aiuto.

Ad Alessandro Zardetto senza il quale queste confessioni non sarebbero le stesse.

Ad Alessandra Scaglioni, perché anche grazie a lei si sono incontrati un reporter e un criminologo, prima ancora che questo viaggio iniziasse.

All'Università degli Studi di Trento, che permette ad Andrea di fare ciò che ama: ricerca e didattica in materia di criminalità. Di tutto quel lavoro questo libro ha beneficiato.

Ad Annalisa e Barbara per il costante incoraggiamento e per la pazienza nell'affrontare anche loro il viaggio.

Finito di stampare
nel marzo 2019 presso
Rotolito SpA – Seggiano di Pioltello (MI)